GOLDMANN
ESOTERIK

ALAN

WATTS

Meditation
Die Natur des Menschen
Philosophische Fantasien

GOLDMANN VERLAG

Titel der Originalausgaben:
The Essence of Alan Watts
Meditation
The Nature of Man
Philosophical Fantasies

Übertragen aus dem Englischen von Thomas Meyer
Fotografien von Joseph McHugh
Foto von Alan Watts von Vargo Moore

Made in Germany · 2/87 · 1. Auflage
Genehmigte Taschenbuchausgabe

Umschlaggestaltung: Design Team München
Umschlagfoto: Design Team München
Satz: Filmsatz Schröter GmbH, München
Druck: Elsnerdruck, Berlin
Verlagsnummer: 10082
Lektorat: Michael Görden
Herstellung: Sebastian Strohmaier
ISBN 3-442-10082-8

Meditation

ES IST UNGEHEUER WICHTIG,
MINDESTENS EINMAL PRO TAG
VER-RÜCKT ZU WERDEN ...

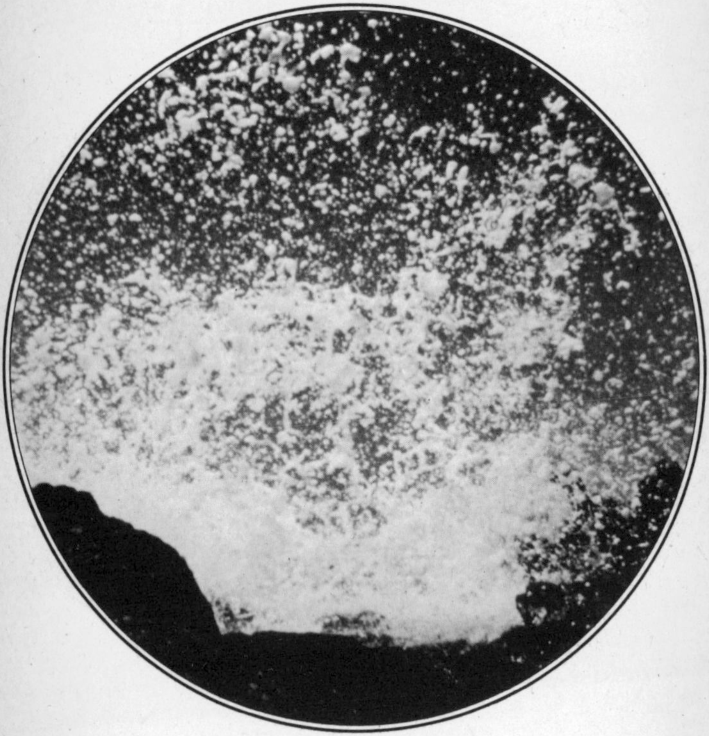

Die Kunst des Meditierens ist eine Art, wie wir mit der Wirklichkeit in Verbindung treten können. Und der Grund zum Meditieren ist die Tatsache, daß die meisten Menschen mit der Wirklichkeit nicht in Verbindung stehen. Sie verwechseln die Welt, wie sie an und für sich ist, mit der Welt, über die sie nachdenken, sprechen und die sie beschreiben. Denn auf der einen Seite steht die wirkliche Welt und auf der anderen ein ganzes System von Symbolen, die wir von dieser Welt in unserem Kopf haben. Dies sind sehr, sehr nützliche Symbole; unsere ganze Zivilisation beruht auf ihnen. Aber so wie alle guten Dinge haben auch sie ihre Nachteile, und der Hauptnachteil von Symbolen besteht darin, daß wir sie mit der Wirklichkeit verwechseln können, genauso wie wir Geld mit wirklichem Reichtum und unsere Namen, Ideen und die Bilder, die wir von uns haben, mit uns selbst verwechseln können.

Natürlich ist das Wort Wirklichkeit ein gefährliches Wort, wenn man es von einem philosophischen Standpunkt aus betrachtet. Ein Philosoph wird mich fragen, was ich unter **Wirklichkeit** verstehe, ob ich von der natürlichen Welt oder von einer geistigen Welt spreche oder was sonst ich damit meine. Ich habe eine sehr einfache Antwort darauf: Wenn wir von der materiellen Welt sprechen, dann handelt es sich bei diesem Ausdruck tatsächlich um eine philosophische Idee. Und wenn ich behaupte, daß die Wirklichkeit etwas Geistiges sei, dann ist dies ebenfalls eine Idee. Aber die Wirklichkeit selbst ist keine Idee. Die Wirklichkeit ist ... (Klang eines Gongs). Und dem wollen wir keinen Namen geben.

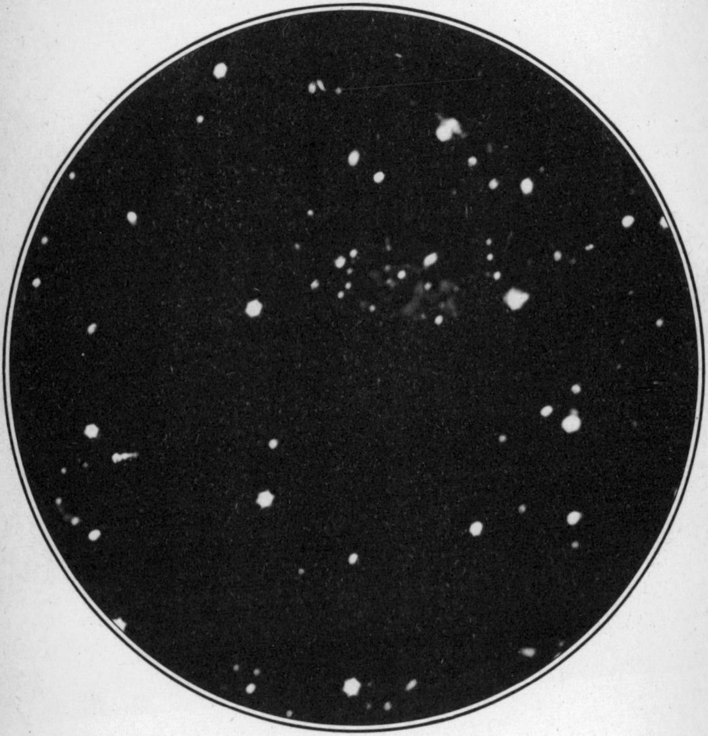

Es ist erstaunlich, was alles in Wirklichkeit nicht existiert. So gibt es in der wirklichen Welt zum Beispiel weder Dinge noch Ereignisse. Das bedeutet aber nicht, daß die Wirklichkeit eine vollkommen spurlose Leere wäre. Sie ist vielmehr ein wundervolles System von Chiffren, in die wir Dinge und Ereignisse hineinlesen, so wie wir bestimmte Bilder in einen Rorschacher Klecks hineinprojizieren oder am Himmel einzelne Gruppen von Sternen herausgreifen, um sie Konstellationen zu nennen. Nun, da gibt es also für unser geistiges Auge und für unser Begriffssystem Gruppen von Sternen, aber dort draußen am Himmel sind die Sterne noch nicht zu solchen Konstellationen gruppiert. Ebenso ist auch der Unterschied zwischen mir selbst und dem übrigen Universum eine bloße Idee – es besteht kein wirklicher Unterschied. Durch die Meditation können wir dazu kommen, unsere grundlegende Untrennbarkeit vom Universum zu empfinden. Dies erfordert allerdings, daß wir einmal lernen zu schweigen. Wir stellen das endlose Geschwätz in unseren Köpfen ab und werden innerlich ruhig.

Die meisten von uns stehen unter einem dauernden Denkzwang; wir führen ständig Selbstgespräche. Wenn ich aber die ganze Zeit rede, kann ich nicht hören, was ein anderer zu sagen hat. Und wenn ich die ganze Zeit denke, d. h. mit mir selber rede, dann bleibt mir nichts anderes übrig, worüber ich nachdenken kann, als wiederum Gedanken. Ich befinde mich deshalb ganz in der Welt der Symbole und bin nie in Beziehung zur Wirklichkeit. Ich möchte mit der Wirklichkeit in Berührung kommen: Dies ist der eigentliche Grund des Meditierens.

Es gibt aber noch einen weiteren Grund, der jedoch etwas schwieriger zu verstehen ist. Eigentlich hat die Meditation weder einen Grund noch ein Ziel. In dieser Hinsicht unterscheidet sie sich von fast allen übrigen Dingen, die wir tun, vielleicht mit Ausnahme des Tanzens und des Musizierens. Wir musizieren nicht, um innerhalb der Komposition einen bestimmten Punkt, zum Beispiel den Schluß des Stücks zu erreichen. Wenn darin der Sinn des Musizierens läge, würde natürlich der schnellste Musiker der beste sein. Auch beim Tanzen geht es uns nicht darum, auf der Tanzfläche an einen bestimmten Ort zu kommen, wie wenn wir eine Reise unternehmen würden. Beim Tanzen ist das Reisen selbst das Ziel, wie beim Musizieren das Spielen die Hauptsache ist. Dasselbe gilt auch für die Meditation. Meditieren heißt entdecken, daß man den »Witz« des Lebens immer gerade im unmittelbaren Augenblick erfaßt.

Falls man also mit einer Absicht meditiert, etwa, um die Intelligenz zu steigern oder den eigenen Charakter zu verbessern oder um das Leben besser meistern zu können, dann meditiert man überhaupt nicht, weil man die Zukunft im Auge hat. Die Zukunft ist eine Vorstellung – sie existiert nicht! So etwas wie ein »Morgen« gibt es nicht! Und so etwas wird es nie geben, denn Zeit findet immer jetzt statt. Das können wir entdecken, wenn wir aufhören, mit uns selber zu reden, und wenn wir aufhören zu denken. Dann finden wir heraus, daß es nur Gegenwart, nur ewiges Jetzt gibt.

Ich möchte Sie an dieser Stelle auf den wesentlichen Grundsatz aufmerksam machen, daß das Meditieren immer etwas Erfreuliches sein soll und nicht etwas, was man wie eine eiserne Pflicht tut. Man meditiert aus keinem anderen Grund, als weil man Freude daran hat. Die Religion krankt heute daran, daß sich so viele eiserne Pflichten eingeschlichen haben. Man tut etwas, weil es **gut für einen ist.** Das ist eine Art von Selbstbestrafung. Meditation hat mit all dem nicht das geringste zu tun, sofern sie richtig ausgeführt wird. Sie ist unmittelbares **Erleben** der Gegenwart, ein **Mitschwingen** im ewigen Jetzt. Sie führt uns in einen Zustand des Friedens, in dem wir verstehen können, daß das Ziel des Lebens, der Ort, an dem gerade etwas läuft, hier und jetzt ist.

In der Kunst der Meditation werden verschiedene erwähnenswerte Hilfsmittel verwendet. Das erste, wovon wir Gebrauch machen können, um unser inneres Schwatzen zum Schweigen zu bringen, ist reiner Klang. Es ist deshalb gut, wenn man einen Gong hat. Ich besitze einen japanischen Buddhistengong, der aus Bronze ist und die Form einer Schale hat. Man kann sich einen Gong kaufen oder selbst einen herstellen. Man kann statt eines Gongs auch die eigene Stimme gebrauchen und singen.

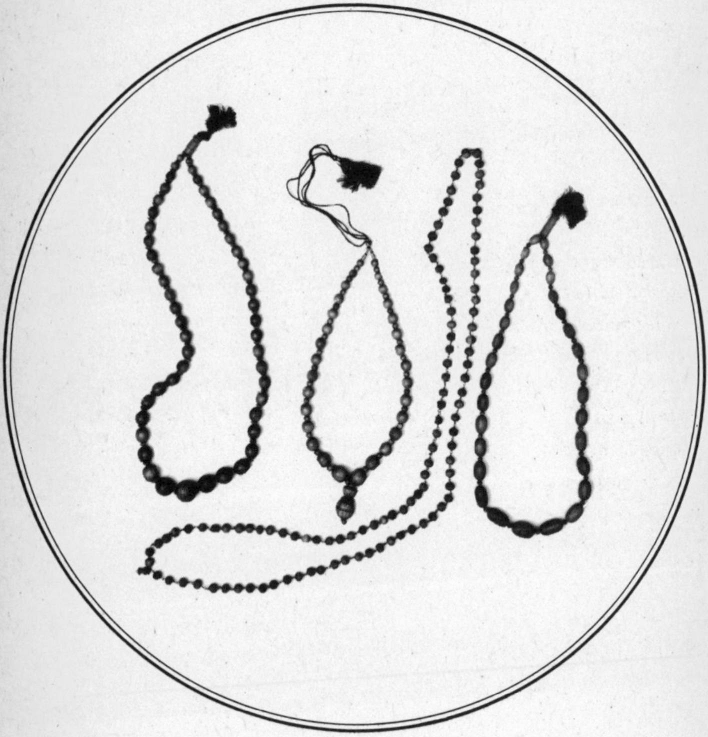

Das Zweite, was wir brauchen, ist eine rosenkranzähnliche Kette. Mit Hilfe der Perlen ist es möglich, auf eine unwillkürliche Weise die Zeit des Meditierens abzugrenzen. Anstatt auf die Uhr zu schauen, schiebt man die Kette bei jedem Atemzug um eine Perle weiter. Wenn man bei einer sehr langsamen Atemgeschwindigkeit angelangt ist, dauert es etwa vierzig Minuten, bis die Hälfte der 108 Perlen eines Rosenkranzes durchgezählt sind. Dies ist ungefähr die Zeit, die für die Meditation aufgewendet werden soll. Meditiert man länger, kann es leicht passieren, daß man steife Beine bekommt oder sich allmählich unbequem fühlt.

Ein weiteres Hilfsmittel für die Meditation ist der Weihrauch. Der Geruchsinn ist unser unterdrückter Sinn; aber gerade weil er unterdrückt ist, übt er einen sehr starken Einfluß auf uns aus. Ich werde am Ende des Buches ausführlich auf ihn zu sprechen kommen. Unbewußt bringen wir bestimmte Gerüche immer mit bestimmten inneren Zuständen in Verbindung, und da der Geruch von Weihrauch mit Friede und innerer Versenkung verknüpft wird, ist es von Vorteil, während des Meditierens Weihrauch zu verbrennen.

Etwas anderes, worüber wir uns unterhalten müssen, ist die Frage, wie man während des Meditierens sitzen soll. Man kann auf irgend eine Art sitzen – man kann auf einem Stuhl sitzen oder, wie ich es tue, nach japanischer Art, d. h. knieend mit nach rückwärts gerichteten Zehen in aufrechter Haltung auf den Fersen sitzen, wobei die Hände locker im Schoß liegen. Man kann aber auch die etwas schwierigere Lotusstellung einnehmen und sich mit gekreuzten Beinen hinsetzen, so daß die Füße mit nach oben gekehrten Fußsohlen auf die Schenkel zu liegen kommen. Je früher man diese Stellung zu üben beginnt, je leichter wird sie einem natürlich gelingen. Falls man es vorzieht, kann man sich auch einfach mit gekreuzten Beinen auf ein sich leicht über den Boden erhebendes Kissen setzen. Wenn man dazu den Rücken aufrecht hält – und das heißt weder in sich zusammengesunken noch kerzengerade – befindet man sich in einer guten Gleichgewichtslage und hat das Gefühl, mit der Erde verwurzelt zu sein. Eine solche physische Stabilität ist eine gute Voraussetzung, um Ablenkungen zu vermeiden und um sich hier und jetzt vollkommen wohl zu fühlen. «J'y suis, j'y reste», wie der Franzose sagt. »Hier bin ich, und hier bleibe ich.«

Wenn Sie nun dasitzen und alles Nötige in Ihrer Nähe haben, so überlassen Sie sich am besten Ihrem Gehör. Dies ist der einfachste Weg, um in den Meditationszustand zu kommen. Schließen Sie die Augen und hören Sie auf sämtliche sich in Ihrer Umgebung abspielenden Geräusche. Lauschen Sie auf das allgemeine Summen und Brummen der Welt, als ob Sie Musik hören würden. Versuchen Sie nicht, die Geräusche zu bestimmen und zu benennen. Lassen Sie sie einfach auf Ihrem Trommelfell spielen; lassen Sie sie stattfinden. Das heißt, leihen Sie allem ein Ohr, was sich Gehör verschaffen will. Fällen Sie kein Urteil über das, was Sie hören – es gibt weder anständige noch unanständige Geräusche. Es spielt keine Rolle, ob jemand hustet oder niest oder einen Gegenstand fallen läßt – es ist einfach alles Laut.

Im Verlauf dieses Experiments wird Ihnen natürlicherweise auffallen, daß Sie es nicht verhindern können, die Laute zu identifizieren und zu benennen, und daß Sie unwillkürlich fortfahren, zu denken und Selbstgespräche zu führen. Aber es ist wichtig, daß Sie nun nicht etwa versuchen, solche Gedanken aus dem Bewußtsein zu bannen und zu unterdrücken. Dadurch würde der gleiche Effekt erzielt, der herauskäme, wenn Sie versuchen würden, mit einem Bügeleisen eine rauhe Wasseroberfläche zu glätten – das Wasser würde nur in eine noch stärkere Bewegung geraten. Dagegen können Sie folgendes machen: Wenn irgendwelche Laute oder Gedanken in Ihr Bewußtsein dringen, so betrachten Sie sie einfach als einen Teil der allgemeinen Geräuschkulisse, so wie Sie etwa vorüberfahrende Autos oder Vogelgezwitscher vor dem Fenster hören. Betrachten Sie Ihre eigenen Gedanken einmal lediglich als Geräusche. Sie werden bald herausfinden, daß die äußere und die innere Welt ineinander übergehen. Sie ereignen sich. Ihre Gedanken ereignen sich im genau gleichen Sinne wie die Geräusche auf der Straße, und alles ist einfach Ereignis, und Sie tun nichts anderes als dies zu beobachten.

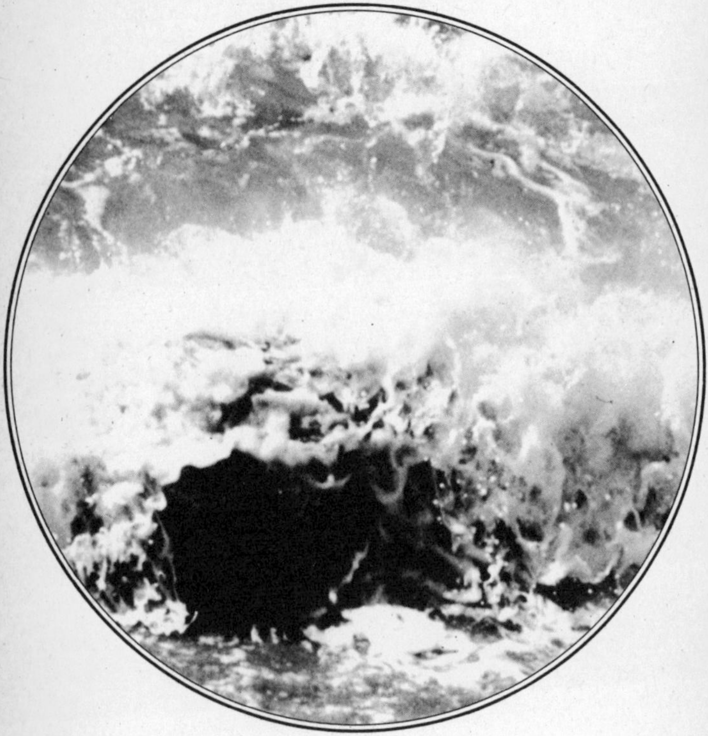

Ein weiteres wichtiges Geschehen in diesem ganzen Prozeß ist, daß Sie atmen. Lassen Sie Ihrem Atem zu Beginn der Meditation freien Lauf. Machen Sie mit anderen Worten keine Atemübungen, beobachten Sie einfach, wie Sie atmen, wenn Sie es einfach atmen lassen. Dann wird Ihnen etwas Merkwürdiges aufgehen. Gewöhnlich sagt man **»Ich atme«,** weil man das Gefühl hat, daß man ebenso willkürlich atmet, wie man geht oder spricht. Aber Sie werden feststellen, daß Sie, auch wenn Sie nicht daran denken, trotzdem weiteratmen. Das Merkwürdige beim Atmen liegt also darin, daß es sowohl als eine willkürliche als auch als eine unwillkürliche Handlung angesehen werden kann. Sie können fühlen, **wie Sie es tun** und andererseits, **wie es mit Ihnen geschieht.** Deshalb nimmt das Atmen innerhalb der Meditation einen wichtigen Platz ein. Denn wenn Sie sich Ihres Atmens allmählich bewußt werden, kann Ihnen klar werden, wie künstlich die scharfe Grenzlinie ist, die wir zwischen dem, was wir tun, und dem, was mit uns geschieht, ziehen.

Beobachten Sie, wie Sie atmen, und werden Sie sich dessen bewußt, daß sowohl der willkürliche wie der unwillkürliche Aspekt dieser Erfahrung ein einziges Geschehen sind. Das mag zunächst vielleicht etwas unheimlich aussehen. »**Bin ich etwa nur die Marionette eines Geschehens, nur ein bloß passiver Zeuge von etwas, was sich ohne mein Zutun abspielt?**«, so werden Sie sich vielleicht fragen. »**Oder bin ich es wirklich, der all das, was vor sich geht, selber tut?**« In diesem Fall wäre ich ja Gott, und das wäre eine ziemlich unangenehme Sache, weil ich mich dann um alles zu kümmern hätte – das wäre ein furchtbar verantwortungsvolles Amt. Aber in Wirklichkeit trifft beides zu. Man tut alles, genauso wie alles mit einem geschieht. So verwandeln zum Beispiel die Augen die Sonne in Licht; die Nervenenden verwandeln elektrische Schwingungen in der Luft in Wärme und Temperatur; ihr Trommelfell verwandelt Luftschwingungen in Schall. So erschaffen Sie die Welt. Aber wenn wir darüber weder sprechen noch philosophieren wollen, dann gibt es nur dieses Geschehen, dieses ... (Klang eines Gongs) ... und wir werden ihm keinen Namen geben.

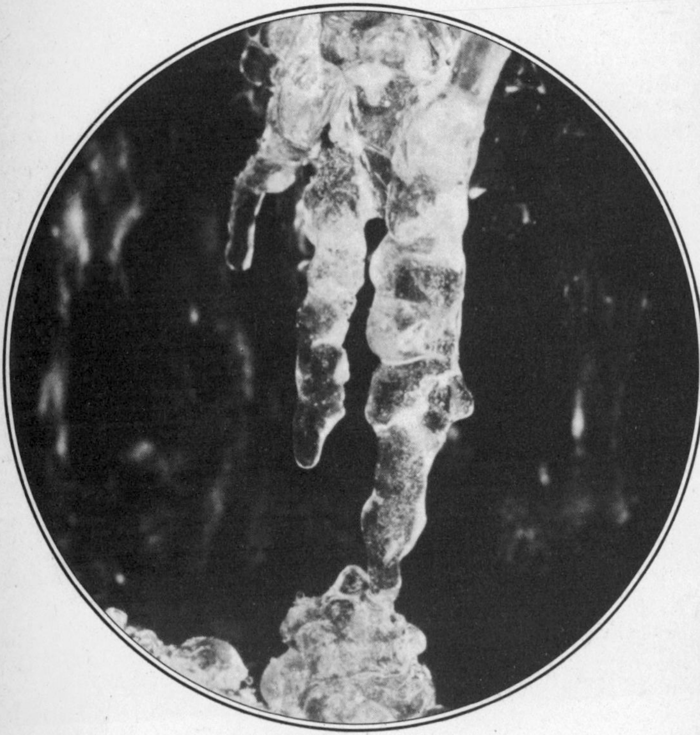

Wenn Sie nun für eine Weile atmen und dabei Ihren Atem frei strömen lassen, ohne ihn in irgendeiner Weise zu beeinflussen, werden Sie wiederum eine sonderbare Feststellung machen: Sie können immer tiefer atmen, ohne daß dazu eine besondere Anstrengung nötig wäre. Das Ausatmen ist sehr wichtig, weil es entspannt, wie wenn man ›Huh‹ sagt und einen Seufzer der Erleichterung ausstößt. Man hat dabei die Empfindung, daß der Atem hinausfällt. Er fällt und fällt und fällt, und dabei hat man dasselbe Gefühl, wie wenn man es sich auf einem äußerst komfortablen Bett bequem macht und hineinsinkt, indem man sich ganz schwer werden läßt. Auf genau dieselbe Weise müssen Sie Ihren Atem hinauslassen. Und wenn er bequem und restlos draußen ist und wieder zurückkommen will, dann ziehen Sie ihn nicht herein, lassen Sie ihn hineinfallen und Ihre Lungen ausdehnen und ausdehnen und ausdehnen, bis Sie spüren, daß sie angenehm gefüllt sind. Halten Sie nun einen Augenblick inne, so daß der Atem einen Moment verweilen kann, und lassen Sie ihn dann wiederum hinausfallen. Sie werden entdecken, daß der Atem ganz von selbst immer leichter und langsamer geht und dabei immer kraftvoller wird.

Sie sind jetzt ganz dabei, den Geräuschen und Ihren eigenen Gedanken zuzuhören und Ihren Atem zu beobachten, wobei Sie all dies als Vorgänge betrachten, die weder willkürlicher noch unwillkürlicher Natur sind. Sie sind sich einfach dieser Grundempfindungen bewußt. Nun kommen Sie allmählich in den Zustand der Meditation. Übereilen Sie nichts, machen Sie sich keine Sorgen über die Zukunft, machen Sie sich keine Gedanken darüber, ob Sie Fortschritte machen. Seien Sie ganz damit zufrieden, sich dessen, was ist, bewußt zu sein. Treffen Sie keine Wahl – »Ich sollte an dies und nicht an das denken«. Beobachten Sie einfach, was gerade vor sich geht.

Um sich dies etwas zu erleichtern und um den Geist vom diskursiven, verbalen Denken zu befreien, können Klänge sehr nützlich sein. Wenn Sie beispielsweise auf einen Gong hören, so lassen Sie seinen Klang Ihren gesamten Erfahrungsraum ausfüllen. Dies ist ziemlich einfach und erfordert keine besondere Anstrengung. Nun können Sie, mit diesem Klang zusammen oder ohne ihn, falls Sie keinen Gong besitzen, ein im Sanskrit so genanntes Mantra benutzen. Ein Mantra ist ein gesungener Laut, den man nicht seiner Bedeutung, sondern seines einfachen Tones wegen verwendet und der immer bei langsamem Atmen gesungen wird. Eines der grundlegendsten Mantras ist natürlich das AUM buchstabierte Wort. Dieser Laut wird benutzt, weil er den ganzen Raum von der Kehle bis zu den Lippen durchläuft und den gesamten Stimmbereich umfaßt – und gleichzeitig die totale Energie des Universums symbolisiert. Dafür gibt es das Wort »pranava«, den Namen für die **Letzte Wirklichkeit,** für »dasjenige Was, für was es nichts Waseres gibt« (»for which than which there is no whicher«).

Wenn das Mantra nun gesungen wird, so tönt dieses Mantra so: Ahhhhhhuuummmmmm. Das können Sie in Ahhhhhhmmmm oder Ahummmmmm abwandeln. Halten Sie den Ton solange aus, bis Sie merken, daß die Wörter in reinen Klang übergehen. Sie werden darüber nicht nachdenken und sich auch keine Vorstellung von diesem Klang bilden. Sie werden völlig im Klang aufgehen und bemerken, daß Sie in einem ewigen Jetzt leben, in dem weder Vergangenheit noch Zukunft Platz haben, ebensowenig wie darin ein Unterschied besteht zwischen dem, was Sie als Denkender und dem, was Sie als Objekt dieses Ihres eigenen Denkens sind, kein Unterschied zwischen Ihnen und der Welt außerhalb Ihrer selbst. Denn alles verschmilzt zu einem einzigen Geschehen.

Vielleicht entspricht es Ihrem Temperament eher, statt eines langsamen Gesangs einen schnellen mit einem mitreißenden Rhythmus zu singen. Ein Gesang, den Sie vielleicht schon gehört haben, geht folgendermaßen: Hari Krishna, Krishna Krishna, Hari Hari, Hari Krishna, Hari Krishna, Krishna Krishna, Hari Hari, Hari Rama Hari Rama, Rama Rama, Hari Hari, Hari Krishna, Hari Krishna, Krishna Krishna, Hari Hari ... Und es spielt keine Rolle, was dies bedeutet. (Krishna und Rama sind die Namen von Hindugottheiten.) Es kommt nur darauf an, einszuwerden mit dem klangvollen Strömen, Strömen, Strömen ... Hari Krishna, Hari Krishna, Krishna Krishna, Hari Hari ... und so weiter. Falls Sie Christ oder Jude sind, nehmen Sie als Meditationswort vielleicht lieber das Ihnen eher entsprechende Halleluja, Halleluja, Halleluja ...

Sind Sie Mohammedaner, so können Sie das Allah, den Namen Gottes, gebrauchen. Die Mohammedaner tun dies auf eine sehr aufregende Weise: Al-lah, Al-lah Al-lah Al-lah Al-lah Al-lah Al-lah Al-lah . . . und immer schneller, und nach vierzig Minuten werden Sie ver-rückt sein.

Aber sehen Sie, es ist ungeheuer wichtig, mindestens einmal pro Tag ver-rückt zu werden. Wenn man ver-rückt ist, dann kommt man zu seinen Sinnen. Wenn Sie hingegen dauernd in Ihrem Denken verharren, sind Sie viel zu rational und gleichen einer starren Brücke, die beim ersten Sturm weggefegt wird, weil ihr die Geschmeidigkeit fehlt und sie nicht ver-rückt werden kann.

Weihrauch

Der Versuch, jemandem mit Worten eine Vorstellung von Gerüchen zu vermitteln, ist genauso vergeblich, wie der Versuch, einem Blinden die Farben zu beschreiben. Eine Freundin von mir wurde blind geboren; sie hat keine Ahnung davon, was Dunkelheit ist.

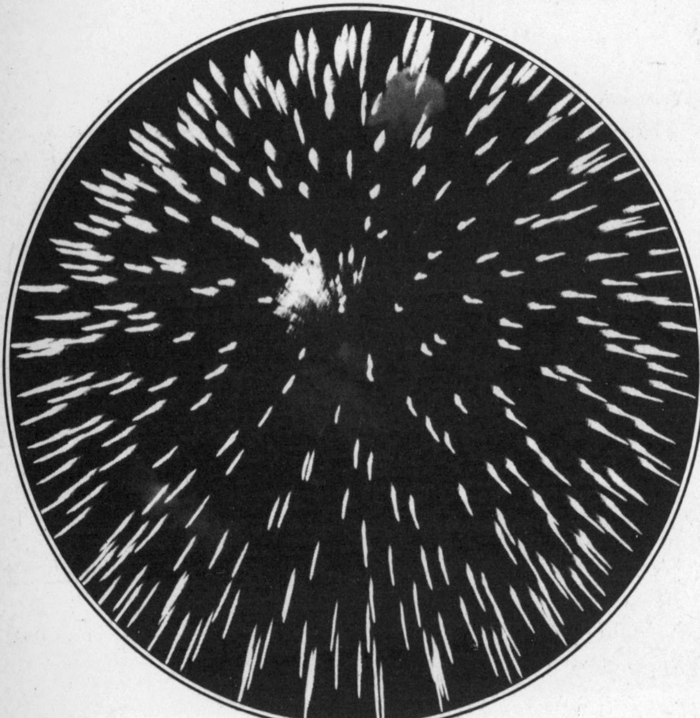

So mußte ich versuchen, ihr eine Vorstellung von den Sternen zu geben und ihr verständlich zu machen, weshalb wir sie lieben. Ich sagte zu ihr: »Stell dir vor, du berührtest von irgendetwas die Kante. Du spürst die Kante und dann nimmst du deine Hand weg und dabei wird sie von nichts aufgehalten. Stell dir nun vor, du würdest deine Hände ausstrecken und um dich herum eine große Ansammlung von wahllos verstreuten Punkten befühlen, die aber keinen Schmerz verursachen. Jedenfalls nicht wie eine Nadelspitze. Sie verursachen vielleicht so etwas wie ein Wohl-Wehgefühl. Einen ähnlichen Eindruck empfangen wir mit dem, was wir unsere Augen nennen. Wir fühlen, wie aus dem ganzen Weltall ein angenehmes Prickeln auf uns zukommt, wenn wir nachts die Sterne sehen können.« So versuchen wir, die Sprache des Sehens in die Sprache des Tastens umzusetzen. Die gleiche Schwierigkeit haben wir nun auch, wenn wir über Gerüche zu Menschen sprechen, die, wie G. K. Chesterton es ausdrückte, »keine Nasen haben und von weiß der Himmel was für einer Nasenlosigkeit sind«. ("They haven't got no noses, and goodness only knowses the noselessness of man.")

Der Geruchsinn ist nicht nur unser unterdrückter Sinn; er ist auch ein Sinn, auf den wir eigentlich nicht sehr stolz sind. Wenn ich Sie zum Beispiel fragen würde »Riechen Sie?«, so scheint das eine ungehörige Frage zu sein. Es gibt eine berühmte Anekdote über den großen englischen Literaten Dr. Johnson. Johnson bestieg eines Tages eine Kutsche (dies war im 18. Jahrhundert, als man noch nicht so häufig badete wie heute) und kurz darauf stieg eine Dame ein. Sie setzte sich ihm gegenüber und sagte zu ihm: »Mein Herr, Sie riechen.« Johnson antwortete: »Im Gegenteil, verehrte Frau, Sie riechen, ich stinke.« So sehen wir, in was für einem schlechten Geruch das Wort riechen sogar in der damaligen Zeit stand. Es gibt im Englischen nur vier Adjektive, die sich speziell auf den Geruchsinn beziehen: scharf (acrid), stechend (pungent), wohlriechend (fragant) und faul (putrid). Dagegen haben wir jede Menge von Adjektiven, die wir vom Geschmack auf den Geruch übertragen. Wir sagen etwa, daß etwas süß riecht. Aber eigentlich sind wir uns des Geruchsinns sehr wenig bewußt. Und doch übt er einen ungeheuren Einfluß auf uns aus, gerade weil wir uns dieses Sinns so wenig bewußt sind.

Ich glaube, daß augenblickliche Zuneigung oder Abneigung für einen Menschen, die manchmal vollständig unbegründbar ist, auf einer unbewußten Entscheidung darüber beruht, ob uns sein Geruch gefällt oder nicht. Gerüche haben eine solche Macht, Erinnerungen wachzurufen! Dinge, die Sie als Kind gerochen haben, zum Beispiel der Geruch von frisch serviertem Morgenkaffee, von Speck, der gerade gebraten wird oder der Geruch von Laub, das an einem Herbsttag verbrannt wird, all dies ruft lebhafte Gefühle und Erinnerungen aus der Kindheit wach.

Aber wenn man sich über sehr tiefsinnige Dinge unterhält, spricht man nie über den Geruchsinn. Man spricht vom Tasten, vom Sehen, vom Schmecken und vom Hören. So sprechen wir zum Beispiel von einer Gottesvision. In der katholischen Kirche wird behauptet, daß das Höchste, was ein Mensch oder selbst die Engel erreichen können, die selige Vision Gottes ist. In einem der Psalmen heißt es: »Oh schmecke und sehe, wie erhaben der Herr ist.« Schmecke und sehe. Aber es ist niemand jemals auf die Idee gekommen, Gott zu riechen, nicht nur eine selige Schau, sondern auch einen seligen Duft zu haben. Und dennoch haben wir sonderbarerweise, bis wir zum Phänomen der sogenannten protestantischen Nase gelangten, durch die ganze Geschichte der Religion hindurch in unseren Gottesdiensten Weihrauch verwendet.

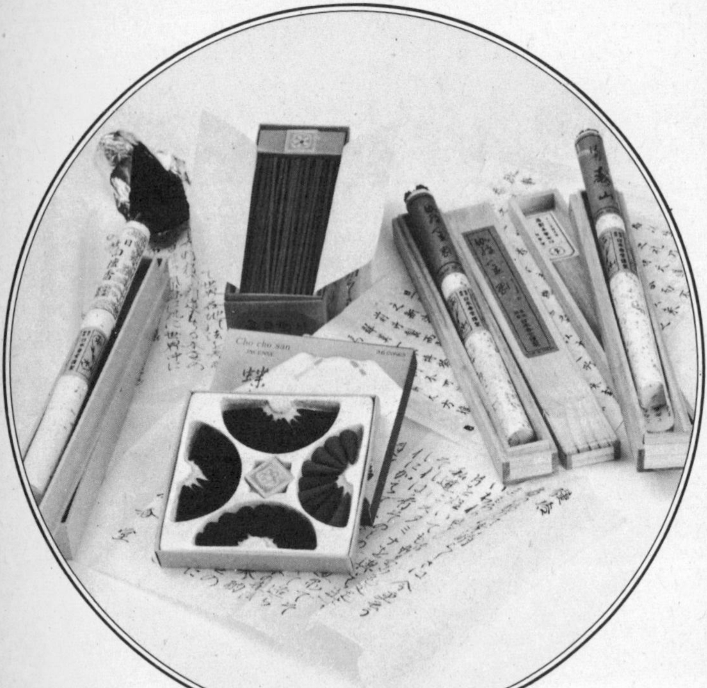
Cho cho san

Die Hindus verwenden Weihrauch, die Buddhisten verwenden Weihrauch, die Mohammedaner verwenden Weihrauch, die Katholiken verwenden Weihrauch, die Hebräer verwenden Weihrauch oder pflegten welchen zu verwenden. Aber zur Zeit der Reformation gab es einen Bruch; der Gebrauch von Weihrauch wurde sozusagen aufgegeben. Warum das? Warum eine derartige Unterdrückung des Geruchsinns? Ich weiß es nicht, aber ich weiß, daß er unterdrückt ist. Und das ist eine Schande! Wir berauben uns selbst einer ganzen Welt voller Wunder. Die Nase ist genauso empfindsam wie die Ohren, und genauso wie es Augenweiden gibt, kann es auch Nasenweiden geben. Ich weiß nicht, warum es uns widerstrebt zuzugeben, daß wir Nasen haben. Tiere haben einen unglaublich gut entwickelten Geruchsinn und können damit alle möglichen Dinge entdecken. Sie eröffnen sich eine ganz neue Erfahrungswelt, einfach indem sie von ihrer Nase Gebrauch machen. Wer seine Nase nicht gebraucht, befindet sich in derselben bedauernswerten Lage, wie jemand, der blind oder taub geboren wurde. Man hat einen ganzen Sinn eingebüßt.

Es gibt eine echte Kunst des Riechens. Ich weiß ein ganz klein wenig über eine ihrer Seiten Bescheid: über die Kunst des Parfümierens. Ich weiß, daß ein Parfümfabrikant, wenn eine sehr schöne Frau zu ihm kommt, zuerst den natürlichen Geruch ihres Körpers beriecht, um ihn dann mit dem am besten zu ihm passenden Duftzusatz zu kombinieren. Auf diese Weise kreiert er einen vollkommen individuellen Duft, nunmehr der echte Geruch dieser Frau. Ich weiß nicht, warum man nicht seinen eigenen echten Geruch haben sollte, genau so wie man seine eigene echte Stimme, sein eigenes echtes Gesicht und tatsächlich seinen eigenen echten Charakter hat. Dafür weiß ich ein paar Dinge über den Weihrauch.

Jedermann weiß, daß Weihrauch in Europa und in den USA überall verkauft wird. Der meistverkaufte Weihrauch ist normalerweise von schwarzer oder purpurner Farbe. Ich rate Ihnen aber, niemals solchen zu kaufen, es sei denn, Sie kauften ihn von jemandem, der wirklich etwas von Weihrauch versteht und Sie beim Kauf beraten kann. Schlechter Weihrauch riecht fast immer nach Seife, schwarzer oder purpurner wie billiges Parfum, während guter Weihrauch nach Holz, Harz oder Blumen riecht. Der absolut grundlegende orientalische Weihrauch wird aus Sandelholz gewonnen. Ich bin im Besitze eines Sandelholzastes, auf dem in chinesischen Schriftzeichen geschrieben steht: »Vogel – Klang, Blume – Duft.« Vom Vogel also der Klang, von der Blume der Duft. Obwohl man aus Sandelholz auch Statuen herstellt, beispielsweise eine Hindugöttin, wird es vor allem für Weihrauch gebraucht. Es ist in verschiedenen Formen zu finden: Als Räucherstäbchen, als Astsplitter oder als Pulver. Den Weihrauch verbrennt man am besten in einer Schale mit Sand. Ich empfehle Ihnen, statt gewöhnlicher Kohle, mit Salpeter imprägnierte Holzkohle zu verwenden, wie sie in Kirchenläden verkauft wird. Sobald sie zu brennen beginnt, nimmt man einen Splitter des Weihrauchholzes und legt es auf die Kohle; es wird sich allmählich erhitzen. Sie werden bald bemerken, wie dieser sonderbar süße, aber nicht süßliche Holzduft den ganzen Raum wunderbar durchdringt.

Es gibt drei grundlegende Weihraucharten: den Tempel-Weihrauch, aus Sandelholzsplittern, der sehr rein ist und etwas von den hohen Bergwäldern, etwas von der Einsamkeit erahnen läßt. Dann gibt es den Boudoir-Weihrauch und schließlich den Zunder (faules Holz), mit dem man Insekten abwehrt. Außerdem ist noch das Sandelholzpulver zu erwähnen, das man einfach auf die brennende Kohle streut. Mit diesem Pulver kann man sich auch die Hände einreiben. Ich trage einen von den Japanern Juzu genannten zenbuddhistischen Rosenkranz um den Hals. Man kann sich etwas Sandelholzpuder in die Hände reiben und dann mit einem solchen Rosenkranz zu spielen beginnen. Ich verwende Kranz und Puder, um bei der Meditation die Atemzüge zu zählen. Bei jeder Perle atmet man einmal ein und aus, und nachdem man jede einmal gezählt hat, duftet der ganze Rosenkranz nach Sandelholz.

Ein weiterer wunderbarer Weihrauch wird aus dem Holz eines Baumes gewonnen, den die Japaner Ginko nennen. Dieser orientalische Baum pflegt eine Krankheit zu bekommen, welche das Holz vollkommen verhärtet. Dieses sehr harte Holz, das Aloeholz, ist außerordentlich teuer. Die Krankheit im Ginko läßt sich mit den Perlen in der Auster vergleichen – irgendwie entsteht aus der Krankheit etwas sehr Schönes. Auch Aloe kann man auf Holzkohle verbrennen. Es verströmt einen unvergleichlich herrlichen Duft, einen Duft der Hochwälder. Der alte Dr. Suzuki, die große Autorität in Fragen des Zen-Buddhismus, sagte einmal: »Der Duft des Ginko ist der Duft des Buddhismus.« Dieser Weihrauch wird bei besonderen Anlässen in den buddhistischen Tempeln von China und Japan verwendet.

Aber daneben gibt es noch viele andere wunderbare Sorten, zum Beispiel einen ganz besonderen Weihrauch, den die Japaner beim merkwürdigen Brauch ihrer Tee-Zeremonie verwenden, einer Zeremonie, die zugleich nicht religiös und doch sehr religiös ist. Die Tee-Zeremonie besteht im Teetrinken; Bilder, Ikonen oder religiöse Symbole fehlen dabei vollkommen. Es wird einfach Tee getrunken, dies aber mit einer solchen Aufmerksamkeit, als ob es die einzige Sache auf der Welt wäre. Man lebt ganz in der Gegenwart, ist vollständig wach für das, was man gerade tut, aber auf eine entspannte und lockere Weise. Man lebt im ewigen Jetzt, eigentlich dem einzigen Ort, an dem man überhaupt sein kann. Die Japaner verwenden für die Zeremonie ein spezielles Gefäß mit einem sonderbaren kleinen Elfenbeindeckel. Es diente ursprünglich als Behälter für Pillen und Heilkräuter. Die Meister der Tee-Zeremonie begannen aber später dieses Gefäß wegen seiner auffallenden Eleganz als Weihrauchbehälter zu benutzen. Der Weihrauch selbst besteht aus kleinen schwarzen Kugeln; er hat einen ganz eigenen Duft, der unfehlbar an die Tee-Zeremonie erinnert.

Eine andere gebräuchliche Variante existiert in Form von Räucherstäbchen, die man gewöhnlich in eine mit Sand gefüllte Schale steckt. Dabei muß die Flamme, sobald die Stäbchen angezündet sind, wieder ausgeblasen werden. Die Japaner nehmen für ihren luxuriösesten Weihrauch Muskat, der allerdings die Farbe von grünen Tannen hat. Aus Tibet kommt ein wunderbarer Stäbchenweihrauch, der jedoch nur selten anzutreffen ist. Er wird als Zunder betrachtet, hat aber einen etwas volleren Geruch als der gewöhnliche Zunder, der meistens nach Herbstblättern riecht. Auch dieser Weihrauch eignet sich gut dazu, die Moskitos fernzuhalten. Einen ähnlichen wundervollen Stäbchenweihrauch, für den ich eine besondere Vorliebe habe, gibt es in Nepal. Es handelt sich um einen groben Weihrauch, der sich aber sehr deutlich von jedem süßlich riechenden unterscheidet. In Nepal gibt es außerdem einen ganz außergewöhnlichen Weihrauch in Form eines dicken Stücks Schnur; er riecht sehr angenehm süß, aber nicht süßlich, etwa wie frische Erdbeeren oder feiner Honig gegenüber der Süße von billigem Zuckerwerk.

In Pakistan gibt es einen spiralförmigen Zunderweihrauch, der wie der tibetanische zur Abwehr von Moskitos dient. Daneben gibt es noch einen interessanten ebenfalls spiralförmigen Weihrauch, der einem religiösen Symbol oder etwas Ähnlichem nachgebildet ist; er brennt solange, bis das Symbol in schwarzen Umrissen hervortritt.

Im Westen ist Harz die eigentliche Basis für den in westlichen wie östlichen christlichen Kirchen verwendeten Weihrauch. Das Faszinierende bei der Verwendung dieses Harzes ist das Weihrauchfaß, mit dessen Hilfe sich der Weihrauch im Raum ausbreiten kann. Es ist herrlich, wie man es im Kreise herumschwingen kann, ohne daß dabei der Weihrauch herausfällt. Ein solches Weihrauchfaß wird in allen westlichen Kirchen verwendet, aber aus mir unerfindlichen Gründen haben die Protestanten seine Verwendung aufgegeben. Sie scheinen alle Freude daran verloren zu haben, auf diese Art zum größeren Ruhme Gottes beizutragen.

Die Natur des Menschen

VIELE MENSCHEN IN UNSERER KULTUR
HABEN ERST DANN DAS GEFÜHL, LEBENDIG ZU SEIN,
WENN SIE SICH UNWOHL FÜHLEN ODER LEIDEN.

Die Tibetaner verwenden zum Beten einen auf einer Achse montierten Holzzylinder. Sie machen es sich bequem und wirbeln ihn mit wenig Anstrengung herum. Ihre Gebete werden von diesem Gebetsrad für sie gesagt, und sie entspannen sich während der wenigen Minuten, die es dauert. Abendländer halten das für einen Aberglauben, für ein sinnloses heidnisches Ritual. Es erfordert keine große Anstrengung, es sieht nicht nach Arbeit oder Pflicht aus und auch ein Ausdruck der Demut oder der Unwürdigkeit fehlt. Jedes Kind würde so etwas mit Freude tun. Eine seltsame, eine faszinierende Sache.

Ich bin zufälligerweise ein Liebhaber des Bogenschießens – nicht um zu töten, sondern als Sport. Was ich am liebsten tue, ist einen Pfeil in die Luft zu schießen wie einen Vogel. Er steigt hoch in den Himmel, macht plötzlich kehrt und fällt herunter.

Was fasziniert uns dabei so sehr? Wir erfreuen uns daran, weil kein Nutzen dabei ist. Es ist wirklich nichts dabei, was wir gezielte Arbeit nennen könnten. Es ist nichts weiter, als was wir Spiel nennen. Aber in unserer Kultur wird äußerst streng zwischen Arbeit und Vergnügen unterschieden. Man muß arbeiten gehen und soviel Geld verdienen, daß man genügend Freizeit hat für etwas ganz anderes, das **Sich-Amüsieren** oder Spielen heißt.

Das ist eine höchst lächerliche Unterscheidung. Was wir auch tun, wie hart, wie anstrengend es auch ist, kann in eine Art Spiel verwandelt werden, wie wenn man einen Pfeil in den Himmel schießt oder ein Gebetsrad herumwirbelt. Nehmen wir zum Beispiel die Situation, mit der ich kürzlich konfrontiert wurde. Ich befand mich in der New Yorker Untergrundbahn an der neunundfünfzigsten Straße, in der Nähe des Columbus Circle, und wollte meine Schuhe putzen lassen. (Normalerweise trage ich keine Schuhe, außer an der Ostküste, wo man sich anständig kleidet. An der Westküste trage ich Mokassins, denn dies ist der einzige bequeme Schuh, den ich tragen kann.) Ich fand einen Ort, an dem ich meine Schuhe putzen lassen konnte; es war ein Schwarzer da, der aus dem Schuheputzen eine richtige Kunst machte. Er schlug einen Rhythmus mit seinem Lappen. Das Schuheputzen war für ihn eine ebenso spannende Sache, wie es das Herumwirbeln eines Gebetsrades oder das Abschießen eines Pfeiles wäre. Stellen Sie sich vor, Sie wären ein Busfahrer. Gewöhnlich betrachtet man einen Busfahrer als jemanden, der dauernd belästigt wird. Er muß auf sämtliche Gesetze, auf all den Gegenverkehr, auf all die Leute aufpassen, die einsteigen und das Fahrgeld bezahlen, und er muß Kleingeld herausgeben. Und wenn er sich einbildet, daß dies seine Arbeit sei, wird es eine Hölle sein. Aber nehmen wir an, er bilde sich etwas anderes ein. Nehmen wir an, er habe die Vorstellung, daß es ein sehr subtiles Spiel ist, dieses riesige Transportmittel durch den unübersichtlichen Straßenverkehr zu bewegen; er empfindet dabei dasselbe, was man beim Tanzen oder beim Gitarrespielen empfinden mag. Und so bewegt er sich durch den Verkehr, geht diesem aus dem Weg, jenem aus dem Weg, zieht das Fahrgeld ein und verwandelt die ganze Angelegenheit in Musik. Nun, er wird nicht erschlagen sein am Ende des Tages. Er wird nach erledigter Arbeit noch immer voller Energie sein.

Angenommen, Sie sind zur Hausfrau verurteilt, dem niedrigsten aller Berufe, und müssen saubermachen. Da kommen nur vier fundamentale philosophische Fragen in Betracht. Die erste lautet: »Wer hat damit angefangen?« Die zweite: »Werden wir es schaffen?« Die dritte: »Wo sollen wir das Zeug hintun?« Und die vierte: »Wer macht sauber?« Und im Saubermachen haben wir die niedrigste aller Verrichtungen – die Hausfrau, die Geschirr spült, und der Angestellte der Müllabfuhr, der den Abfall wegschafft. Nehmen wir einmal an, die Hausfrau, die sich zum Saubermachen anschickt, mache sich mit einer ganz anderen Gesinnung ans Abwaschen. Aber glauben Sie bloß nicht, ich sei einer dieser männlichen Chauvinisten, die den Frauen einzureden versuchen, nur ja auf ihrem Platz zu bleiben. Ich bin auch gerne zum Geschirrspülen bereit, denn die Kunst des Abwaschens besteht darin, immer nur ein Stück nach dem anderen zu spülen. Wenn Sie das Tag für Tag tun, haben Sie vor dem geistigen Auge einen riesigen Stapel von schmutzigem Geschirr, den Sie in den vergangenen Jahren gespült haben, und einen riesigen Stapel von schmutzigem Geschirr, den Sie in den kommenden Jahren spülen werden. Aber wenn Sie Ihren Geist auf die Ebene der gegenwärtigen Wirklichkeit bringen, die nur jetzt da ist, das heißt nur da ist, wo wir uns gerade befinden, so müssen Sie nur eine Schüssel spülen. Die einzige Schüssel, die Sie überhaupt je abwaschen müssen. Vom ganzen Rest wissen Sie nichts, denn in Wirklichkeit gibt es weder Vergangenheit noch Zukunft. Es gibt nur das Jetzt. Und so spülen Sie diese eine Schüssel. Und statt sich zu fragen: »Habe ich sie auch wirklich so sauber gemacht, wie es mir die Mutter beibrachte?« verwandeln Sie die Handgriffe des Spülens in einen Tanz. Sie schwingen den Teller herum und lassen das Spülwasser darüberlaufen, stellen ihn aufs Abtropfbrett. Sie kommen dabei richtig in Schwung.

Als ich als kleiner Junge in England zur Schule ging, mußte ich Klavier spielen lernen. Es wurde Klavier ›spielen‹ genannt, aber im Grunde genommen hieß es: »Du mußt spielen.« Damals hatten wir in England auch obligatorische Spiele. Gewöhnlich wurden Mitteilungen ans Anschlagebrett geheftet, die sagten: »Heute nachmittag werden sich alle an einem Lauf beteiligen.« Und wer sich nicht am Lauf beteiligte, wurde, falls es an den Tag kam, durchgeprügelt! Es ging niemand gerne auf einen Lauf, weil man zum Spielen gezwungen wurde. Es ist wie mit dem Spiel des Lebens, an dem wir alle beteiligt sind. Es ist bloß ein Spiel, aber jedermann hat dabei zu sein.

Ich erinnere mich, wie ich eines Tages im Freien umherlief und wie ich mir einen Spaß daraus machte, auf den Fußballen zu rennen und herumzutanzen. Ich wurde von einem Jungen eingeholt, der auf den Absätzen lief. Er kam dahergezockelt und machte dabei ein Klapp-Klapp-Klapp-Klapp-Klapp-Klapp-Geräusch, und ich sagte zu ihm: »Was ist den mit dir los? Du läufst ja auf den Absätzen und rüttelst unterwegs den ganzen Körper durcheinander.« Er zuckte die Achseln – und wurde zum besten Langstreckenläufer der Schule. Aber er hatte keinen Spaß daran! Es war Arbeit! Das einzige, woran er Spaß hatte, war das Leiden, das er aushielt. Es gab ihm das Gefühl, er hätte dadurch wirklich etwas für die menschliche Rasse getan. Er identifizierte sein Dasein und seinen Wert mit seinem Leiden. Doch alle wirklichen großen Läufer tanzen während des Laufens. Sie halten nicht unbedingt einen geraden Kurs ein; sie können hin- und herpendeln. Ein großartiges Beispiel davon war während der Fußballweltmeisterschaft im Jahre 1970 zu sehen. Das Siegerteam aus Brasilien, das zum großen Teil aus Schwarzen bestand, spielte auf eine äußerst ungewöhnliche Weise Fußball: Es sah aus, als spielten sie Basketball; sie tanzten. Die Art und Weise, in der wir, als ich noch ein Junge war, auf der Schule Fußballspielen lernten, war sehr, sehr formell und ordnungsgemäß, und wir hatten eigentlich keine Freude daran. Diese Burschen dagegen ließen ihre Bälle von den Schultern und von jedem einzelnen Muskel abspringen, sie legten ein erstaunliches Zusammenspiel an den Tag, und gleichzeitig tanzten sie dabei. Der Sportkorrespondent der »London Times« meinte: »Sie tanzten ihren Weg zum Sieg.« Daraus können Sie ersehen, daß sich alles, was Sie machen müssen, in einer solchen Gesinnung machen läßt. Machen Sie keinen Unterschied zwischen Vergnügen und Arbeit, und stellen Sie sich auch nicht für eine Minute vor, daß Sie die Sache ernst zu nehmen brauchen.

Betrachten wir nun lieber einmal die übrige Welt statt uns selbst. Überlegen Sie sich einmal: Was tun die Pflanzen eigentlich? Was hat es mit den Pflanzen auf sich? Sie dienen den Menschen dadurch, daß sie eine Zierde sind, aber was **sind** sie von ihrem Gesichtspunkt aus betrachtet? Luftverbrauch, Energieverbrauch. Sie leisten wirklich nichts, abgesehen davon, eine Zierde zu sein. Und doch haben wir hier die gesamte Pflanzenwelt, Kaktuspflanzen, Bäume, Rosen, Tulpen und eßbares Gemüse wie Kohl, Sellerie, Salat – sie alle führen diesen Tanz auf. Und worum geht es dabei denn eigentlich? Weshalb tun die Pflanzen das? Nun, wir sagen: Man muß doch leben. Überleben ist notwendig. Man weiß, daß man wirklich weitermachen muß. Es ist Ihre Pflicht. Ihre Pflicht Ihren Kindern gegenüber. Wenn Sie Ihre Kinder auf diese Weise erziehen und von ihnen Dankbarkeit erwarten dafür, daß Sie ihnen gegenüber Ihre Pflicht erfüllen, so lernen sie dadurch, auch ihre Kinder wiederum auf dieselbe Art zu erziehen – und alle werden depremiert sein. Es besteht wirklich keine Notwendigkeit, weiterzuleben. Dieser Überlebenstrieb ist ein Bestandteil der westlichen Philosophie. Wir müssen mit dem Leben weitermachen, weil uns irgendein großer Papa gesagt hat: »Du hast nun einmal zu leben, verstehst du? Und wehe, wenn du's nicht schaffst!« Nun, die Furcht vor dem Tod ist völlig absurd. Denn wer tot ist, hat nichts zu fürchten. Diese Pflanze sagt doch wohl kaum zu sich selbst: »Du solltest weiterleben.« Sie haben genau wie die Pflanze einen Instinkt des Überlebens, der nicht mit Ihrem Selbst zusammenfällt und dem Sie sich fügen müssen.

Ich betrachte meine eigenen Instinkte nicht als **Triebe**, wie der heutige psychologische Fachausdruck dafür lautet. Ich halte meine Instinkte für mich selbst. Ich sage nicht: »Entschuldigung, aber ich habe den unglücklichen Wunsch, mich zu vermehren, würden Sie bitte so freundlich sein.« Ich sage nicht: »Entschuldigung, ich muß leider essen, ich muß unbedingt essen.« Ich sage: »Hurra! Ich bin dieser Wunsch zu lieben, und ich bin dieser Wunsch zu essen.« Ich werde nicht von irgend etwas Fremdem herumgestoßen; ich bin es selbst. Es muß nicht unbedingt weitergehen. Falls es aufhören sollte, falls ich sterben sollte, wäre das nur ein neuer Akt, wäre das nur eine neue Seite des Tanzes.

Schrei nicht, weine nicht, heißt es, wenn mir etwas weh tut. Aber Schreien und Weinen sind völlig natürliche Schmerzreaktionen. Wenn man einem Baby unmittelbar nach der Geburt die Nabelschnur durchschneidet und ihm jemand einen Klaps auf den Hintern gibt, so schreit das Neugeborene. Damit beginnt das irdische Leben. Ein zenbuddhistischer Koan erzählt, wie sich Buddha nach seiner Geburt plötzlich erhob und verkündete: »Über dem Himmel und unter dem Himmel bin ich allein der Welt-Geehrte.« Jedermann würde doch meinen, daß es äußerst hochmütig ist, so etwas zu behaupten. Und so wird den Studenten des Buddhismus diese Frage vorgelegt: Wie kam es, daß Buddha nach seiner Geburt schon so hochmütig war, solch eine aufgeblasene Behauptung aufzustellen? Und wenn Sie das Problem richtig verstehen, schreien Sie wie ein Neugeborenes. Denn das ist die vollkommen natürliche Antwort auf das schmerzhafte Ereignis, auf diese Welt zu kommen. Doch gleich sagen wir: »Schrei nicht, Kleiner! Halt die Klappe!« Und so merzen wir bei menschlichen Wesen die natürliche Befreiung vom Schmerzproblem aus. Schreien Sie, wenn Sie Schmerz erfahren. Falls Sie das nicht können, wird der Schmerz zu Ihrem Problem. Aber wenn Sie schreien **können,** wenn Sie sich dadurch gehenlassen können, ist der Schmerz kein Problem für Sie. Und wenn Sie das Schaudern kriegen vor dem Tod, vor der Idee des Todes, vor der Idee, nicht mehr da zu sein, dann **haben** Sie dieses Schaudern einfach, schöpfen Sie es aus. Ist es nicht merkwürdig? Sie erfahren wirkliche Freudenschauer!

All diese uns bekannten Gefühle, die Gefühle der Gespanntheit, der Furcht, Schauder, Ängste, können auf eine andere Weise betrachtet werden. Aber solange wir unter dem Eindruck stehen, daß wir um jeden Preis weiterleben müssen, betrachten wir sie von einer negativen Seite aus. Doch sehen Sie, Leben ist etwas Spontanes. Das chinesische Wort für Natur heißt **ch'i lan,** es bezeichnet das, was von selbst geschieht und nicht unter der Kontrolle irgendeiner äußeren Instanz. Die Chinesen haben das Gefühl, daß die Welt von selbst geschieht; sie ist etwas Spontanes. Und man stellt dieses spontane Blühen der Natur kalt, wenn man ihr sagt, daß sie es tun muß. Es ist, wie wenn man zu jemandem sagt: »Du mußt mich lieben.« Nun, das ist lächerlich. Wenn ich meine Frau fragen würde: »Liebst du mich wirklich, Liebling?«, und sie sagte: »Ich tue mein Bestes«, so ist das doch nicht die Antwort, die ich erwarte. Ich möchte ihr sagen: »Ich muß dich einfach lieben. Ich liebe dich so sehr, daß ich dich fressen könnte.« Und das ist, was die Pflanze während des Wachsens fühlt. Sie hat nicht das Gefühl, wachsen zu müssen; sie handelt nicht auf Befehl. Sie tut dies spontan, so daß man diesen spontanen Prozeß stoppt, wenn man ihn veranlassen will.

In Indien ist die Ansicht verbreitet, daß es nichts nützt, ein Heilmittel zu nehmen, wenn man dabei an einen Affen denkt. Wenn Sie das nächste Mal Ihre Vitamine oder Ihre Pillen nehmen, versuchen Sie nicht, an einen Affen zu denken. Sonst werden Sie den spontanen Prozeß vollständig verknoten, und die Wirkung wird ausbleiben. All die Dinge, die wir unsern Kindern sagen – wie: »Du mußt jeden Morgen nach dem Frühstück deinen Stuhl haben. – Sei so gut Liebling, geh schlafen. – Hör auf zu schmollen, mach nicht ein solches Gesicht. – Aha, du wirst rot« – all diese Dinge haben ein Schuldgefühl zur Folge. Mit alldem versucht man eigentlich, dies eine zu sagen: »Mein kleiner Liebling, man verlangt von dir nur zu tun, was akzeptabel ist, wenn du es freiwillig tust.« Infolgedessen ist jedermann verwirrt, denn wir versuchen, echtes Verhalten künstlich hervorzurufen. Wir alle bewundern die Künstler; wir sagen, sie sind unbefangen, so natürlich, sie scheinen so mühelos zu tanzen, zu malen, zu sprechen oder Klavier zu spielen. Natürlich steckt eine Riesenmenge Arbeit dahinter, aber falls Sie ein großer Künstler sind, werden die Zeiten des Übens nichts fruchten, solange sie Ihnen keinen Spaß machen. Sie müssen den Punkt erreichen, wo es zu einem Tanz wird, das Ganze immer wieder von neuem durchzuarbeiten.

Einer meiner Freunde ist ein großer Hindu-Musiker, der zum Spielen seiner Sarod eine höchst außergewöhnliche Technik verwendet. (Die Sarod ist so etwas wie eine äußerst raffinierte Hindu-Gitarre.) Er heißt Ali Akbar Khan und wird allgemein als der führende Meister der nordindischen Musik angesehen. Er erklärte mir einmal, daß das Erfassen von Musik im Verstehen eines einzigen Tones liegt. Er kann sich stundenlang hinsetzen und nur mit einem Ton gleichzeitig arbeiten. Er dringt in diesen Ton ein und lauscht. Er hört wirklich zu, geht völlig auf im Klang. Es spielt schlichtweg keine Rolle, daß dies viel Zeit in Anspruch nimmt und daß er dies für mehrere Stunden tun muß, weil er völlig in diesem Klang aufgeht, den er in diesem Moment hervorbringt. Er bewegt sich mit dieser Schwingung zusammen, wie wenn Sie etwa das im Yoga gebräuchliche **OM** summen würden. Sie können stundenlang singen und von dieser Schwingung ebenso in Bann genommen sein, wie ich es bin, wenn ich einen Pfeil in den Himmel schieße. Was ist das nun? Das ist das wirkliche Geheimnis des Lebens – vollkommen bei der Sache zu sein, die man jetzt und hier tut. Und statt es Arbeit zu nennen, erkennen Sie, daß es Spiel ist.

In der Hindu-Philosophie wird die gesamte Schöpfung als **Vishnu Lila,** als Spiel des Vishnu betrachtet. Lila bedeutet Tanz oder Spiel. Auch wird die Welt in der Hindu-Philosophie eine Illusion genannt; und die lateinische Wurzel von Illusion heißt **ludere,** spielen. Alles, was sich abspielt, das Drehen des Gebetrads, die Ordnung, nach der die Blumen wachsen, ist einfach das sich abspielende Leben. Und falls man das ernst nimmt und sagt: »Tun Sie etwas Brauchbares?« Brauchbar wozu? Brauchbar, um weiterzumachen? Aber wenn man brauchbar sein muß, um weiterzumachen, wird das Weitermachen zu einer Last, das Überleben wird zu einem Krampf, und das ist nicht der Mühe wert. Und wenn man das seinen Kindern beibringt, so werden sie einen nachahmen. Sie werden das Überleben wie eine Feuerprobe ansehen, die man durchstehen muß. Sie werden weitermachen müssen, und sie werden dies ihren eigenen Kindern beibringen, und die ganze Weiterführung der menschlichen Rasse wird zu einer Last, wozu sie wegen dieser Haltung auch tatsächlich geworden ist. Und aus diesem Grund haben wir die Atombombe erfunden und bereiten uns auf den Selbstmord vor. Wir glauben, wir müßten stattfinden, und solange wir glauben, wir müßten stattfinden, hassen wir unsere Existenz und sind im Begriff, ihr ein Ende zu setzen, aufzuhören.

So möchte ich offen auf die Worte von G. K. Chesterton hinweisen (ich unterhalte mich mit Ihnen; ich bin nicht am Predigen), der einmal gesagt hat: »Die Engel fliegen, weil sie sich so leichtnehmen. Um wieviel mehr das Wesen, das Herr der Engel ist. Die ganze Welt ist eins aus dem anderen, die Liebe ist, was die Welt in Schwung hält.« Oder in den Worten von Dante:

»Da plötzlich fährt ein Blitz durch meinen Geist,
Und in dem Strahl erscheint mir mein Verlangen!
Doch schon erlischt das Bild, das nah mir trat!
Mich aber hält die Liebe fest umfangen,
Die meinen Wunsch und Willen umschwingt wie'n Rad,
Die Liebe, die mir folgt zur Erdenferne,
Die Liebe, die da auf dem Himmelspfad
Die Sonne führt und die anderen Sterne.«

Während meiner Jugend in London liebte ich es, immer wieder das Britische Museum aufzusuchen. In der Nachbarschaft des Museums befanden sich eine ganze Anzahl alter Läden, einige stammten noch aus dem Ende des 18. Jahrhunderts. Die Aufschrift über einem der Schaufenster besagte, daß philosophische Instrumente verkauft würden. Um nichts in der Welt konnte ich herausbekommen, was philosophische Instrumente sein könnten. Ich glaubte, Philosophen wären Leute, die sich einfach hinsetzten, um nachzudenken, ohne irgendwelche Spezialinstrumente zu benötigen. Aber als ich die Stufen zu diesem Laden hinaufstieg, fand ich im Schaufenster Teleskope, Rechenschieber, Chronometer und alle möglichen Instrumente, die man heute wohl wissenschaftliche Instrumente nennen würde, doch ursprünglich hieß die Wissenschaft **Naturphilosophie.** Ein Philosoph ist jemand, der über alles neugierig ist. Er ist nicht nur in theoretischen Fragen neugierig, sondern auch in Fragen, die wir nun praktische Fragen nennen sollten. In genau diesem Sinn betrachte ich mich selbst als einen Philosophen. Abgesehen davon, daß ich mich für verschiedene Bewußtseinszustände, für die Probleme des Todes, der Zeit und des Raums und für Fragen der Meditation interessiere, bin ich auch an sogenannten handfesten Dingen wie Nahrung, Kleidung, Wohnung sowie an Fragen der Ökologie und der Bevölkerung interessiert; denn all das ist Teil einer natürlichen Wißbegier oder Philosophie.

Etwas, was für unsere Gesellschaft, unsere Natur sehr aufschlußreich ist, ist die Bekleidung. Ich bin gegenwärtig mit einem Anzug bekleidet, der in der ganzen Welt zum offiziellen Standardanzug für Männer geworden ist – der Geschäftsanzug. Er stammt aus England, wurde in Amerika populär, von den Japanern, den Indonesiern, den Indern, den Persern, den Arabern übernommen, und jedermann auf der Erdoberfläche neigt heutzutage dazu, in dieser merkwürdigen Art Bekleidung, die von Militäruniformen herstammt, herumzulaufen. Sie werden bemerken, daß dieser Anzug an den Ärmeln Knöpfe hat. Was meinen Sie nun, wozu diese Knöpfe da sind? Sie knöpfen ja nichts aneinander. Auf den Uniformen, von denen diese Jacke eine Abart ist, befand sich ursprünglich in der gesamten Armlänge eine Reihe von Knöpfen, und bei Militäruniformen oder solchen, die von Dienern getragen wurden, hatten sie den Zweck, einen daran zu hindern, sich an den Ärmeln die Nase abzuwischen. Und dann hat die Jacke auch diese merkwürdigen Aufschläge, und weiß Gott, was für einen Zweck diese hatten. Manchmal werden sie hochgeschlagen, zum Schutz gegen den Regen, aber sie sind wirklich nicht sehr wirksam. Außerdem muß man ein Hemd tragen und sich mit einer Krawatte erwürgen. Und schließlich müssen Sie auch noch Hosen tragen, ein für Männer äußerst verheerendes Kleidungsstück.

In China tragen die Frauen Hosen; in vergangenen Zeiten, vor der Aera von Mao Tse Tung, trugen die Männer Röcke. Hosen sind ein Kleidungsstück, das sich für wohlgeformte Frauen eignet – für Männer sind sie überhaupt nicht geeignet, denn sie sind kastrierend und äußerst unbequem, besonders, wenn man auf dem Boden sitzen will. Wenn man sich in einem Geschäftsanzug wohl fühlen will, muß man sich unbedingt auf einen Stuhl setzen, sonst werden die Hosen an den Knien bauschig. Und wenn man Jacke und Hemd in einen Koffer packen muß, hat man die größten Schwierigkeiten, sie zusammenzufalten. Das Problem des Geschäftsanzugs liegt darin, daß er im Hinblick auf die menschlichen Körperumrisse angefertigt wurde. Er muß zurechtgeschneidert werden, damit Ihre Figur hervortritt, was ja schön und recht ist, falls Sie eine schlanke Figur haben! Eine weitere Frage ist, woran die Hosen hängen sollen. Gegenwärtig trage ich noch einen Gürtel, aber die Zeit wird kommen, da ich Hosenträger – eine Art von Flaschenzug – werde tragen müssen, was zusätzlich Unbequemlichkeit bedeutet. Ich finde es erstaunlich, daß sich die Männer auf der ganzen Welt mit dieser düsteren Grabesuniform abfinden, die ihnen das Aussehen von Unternehmern oder Ministern verleiht, während sie sich doch viel wohler fühlen könnten. Ich würde mich genauso wohl fühlen, würde genauso anständig und gesetzt erscheinen, wenn ich mit einem japanischen Kimono bekleidet wäre, einem Kleidungsstück, das heute nicht mehr so häufig anzutreffen ist wie noch vor fünfzig Jahren, als alle japanischen Edelleute einen Kimono trugen.

Der Kimono ist eines der außergewöhnlichsten Kleidungsstücke, die jemals hergestellt wurden. Zunächst einmal ist er absolut bequem. Man fühlt sich vollkommen entspannt darin: Man wird nirgends durch irgendwas eingeschnürt. Er besitzt äußerst geräumige Ärmel, die zugleich als riesige Taschen dienen, in die Sie hineinstecken können, was immer Sie gerade wollen – die Brieftasche, Pfeife und Tabak oder Zigaretten und Geld – was Sie wollen. Zum Kimono trägt man gewöhnlich auch einen Fächer, und wenn es zu warm wird, können Sie sich damit abkühlen. Es gibt ferner noch einen Überzug, den **Haori,** der eigentlich ein Mantel für kühleres Wetter und besondere Anlässe ist. Man kann den Haori ausziehen und einfach tragen, was sich darunter befindet, und so hat man wieder dasselbe Kleid wie vorher, mit den großen Ärmeln und den riesigen Taschen. Der Kimono hat etwas Besonderes an sich, und dies ist, daß er aus nichts anderem als aus rechteckigen Stoffstücken zugeschnitten ist. Der Stoff ist nicht zurechtgeformt worden, damit er auf den menschlichen Körper paßt. Stoff ist von Natur aus rechteckig, weil er aus gewobenem Material mit senkrechter Kette und waagrechtem Schuß besteht.

Wenn wir nun ein solches Kleidungsstück entwerfen, ändern wir nichts an der rechteckigen Natur des Stoffes. Wir versuchen ihn nicht irgendwie anders zu formen, damit er auf die Rundungen des menschlichen Körpers paßt. Aber wenn wir in dieser Weise auf das Wesen des Stoffs achtgeben und es respektieren, dann respektiert der Stoff merkwürdigerweise auch unser eigenes Wesen. Denn wenn Sie sich ein rechtwinkliges Stück Tuch überziehen, fällt es in Falten herunter, die Ihnen eine Art natürlicher Würde verleihen. Sobald man den Stoff aber nach sich selber formt, beginnt man mehr und mehr, wie ein Affe auszuschauen. Doch erlaubt man ihm, einfach herunterzuhängen und seinem eigenen Wesen zu folgen, so sieht man mehr und mehr wie ein Prinz aus. Das ist das Grundprinzip japanischer Bekleidung. Die Japaner haben diese Art der Bekleidung jedoch aufgegeben. Ich fragte einen Japaner nach dem Grund, und das erste, was er mir sagte, war: »Nun, man kann doch in einem Kimono nicht hinter einem Bus herlaufen.« Und das ist vollkommen wahr! Man kann in diesem Kleidungsstück nicht rennen, man muß gemessenen Schrittes gehen, und ich glaube, das tut uns sehr gut. Ich glaube, daß kein Mensch mit Selbstachtung jemals einem Bus nachrennen sollte; was wir vor allen Dingen nötig haben, ist, das Tempo zu verlangsamen und uns dazu zu bringen, statt zu rasen, durchs Leben zu schlendern. Und deshalb glaube ich, daß diese Bekleidungsform, wenn sie von Männern im allgemeinen getragen würde, einen außerordentlich wohltätigen Einfluß auf unsere Zivilisation haben würde. Wir fühlten uns viel bequemer, viel wohler, viel würdevoller. Ich trage die ganze Zeit eine solche Bekleidung.

Die Art von Kimono, die für gewöhnliche Zwecke getragen wird, heißt **Yukata.** Es ist ein Baumwoll-Kimono, den der japanische Geschäftsmann anzieht, sobald er nach Hause kommt. Aber zuvor nimmt er ein sehr heißes Bad in einer riesigen Badewanne, in der praktisch die ganze Familie Platz hat. Eine wundervolle Einrichtung. Es ist das erste, was man tut, sobald man von der Arbeit nach Hause kommt. Man wäscht sich nicht in der Badewanne; man wäscht sich, indem man einen Kübel nimmt und sich mit Wasser aus der Wanne bespritzt, sich einseift und abspült. Und dann setzt man sich ins Bad, und ringsum steigt Dampf hoch, man raucht eine Zigarette und plaudert mit der ganzen Familie. Und dies ist die großartigste Art, ein Bad zu nehmen, die es gibt. Nach dem Bad zieht man den Yukata an. Es ist durchaus üblich, abends in dieser Art Kimono durch die Straßen zu schlendern. Der Warmwetter-Yukata besteht aus Baumwolle; der für kühle Witterung, der **Penzen** heißt, besteht aus gefütterter Seide. Man kann zum Kimono eine **Obi** genannte Schärpe tragen. Ein Männerobi weist am Ende farbige Verzierungen auf, während ein Frauenobi viel steifer ist und aus sehr, sehr schwerer Seide besteht – lange nicht so bequem zu tragen. Das ist ein für Männer absolut ideal entspannendes Kleidungsstück.

Da ich ein Schriftsteller bin und die meiste Arbeit zu Hause verrichte, trage ich fast immer eine solche Bekleidung, weil sie nicht einengt und weil sie äußerst nützliche Taschen hat. Wenn Sie beachten, wie sich die Schärpe auf dem Rücken zu einem eleganten Bogen schließen läßt, mögen Sie das Ganze, da auch Hosen fehlen, für unmännlich ansehen. Für die Männer, vor allem in Amerika und Europa, ist es ja eine Riesensache, in einer Art daherzukommen, die sie für feminin halten. Sie sagen: »Röcke sind für Weiber und Weichlinge.« Aber wenn man biologisch gesehen ein Mann ist, braucht man dies nicht noch zu beweisen. Ich finde es sehr seltsam, wie eine ungeheure Anzahl von Männern sich offenbar nicht als Männer fühlen können, wenn sie nicht irgendwie mit unerhörter Energie und Stärke auftreten, um dadurch ihre Männlichkeit zu dokumentieren. Aber wer wirklich ein Mann ist, braucht das gar nicht zu zeigen. Alles, was ein Mann tun muß, um herauszufinden, ob er wirklich ein Mann ist, ist eine Frau zu fragen.

Noch eine andere Bekleidung verdient unsere Beachtung; es ist die altgriechische **Chlamys.** Die Chlamys ist ein langes Leinengewand, das sich durch die römisch-katholische Kirche bis auf den heutigen Tag erhalten hat, in Form der **Albe**, die der Priester bei der Messe über seinem gewöhnlichen Anzug trägt. Der Priester zieht seinen Mantel aus und zieht ein langes, schwarzes, schweres Kleid an, das **Cassock** heißt, und darüber dann diesen besonderen Anzug, die Albe. Aber jeder vernünftige Priester würde während des Messezelebrierens lieber alles ausziehen und einfach seine Unterhosen und seine Chlamys oder seine Albe tragen. Zum Ganzen gehört auch noch eine Haube, die über den Kopf gezogen werden kann und sich angenehm um den Hals schmiegt – und den Schweiß aufnimmt. Sie heißt **Amizia.** So etwas haben also die Männer in unserer westlichen Welt etwa im 4. Jahrhundert v. Chr. und später in Griechenland getragen. In Rom hatte man die **Toga,** ein Gewand, das etwas weniger bequem ist, weil man es sich überwerfen muß und alle Stoffalten immerzu herunterfallen und sich auflösen. Die Chlamys ist dagegen äußerst bequem und praktisch. Über der Albe oder dem Chlamys trägt ein katholischer Priester während der Messe gewöhnlich noch ein Gewand mit dem lateinischen Namen **Casubla.**

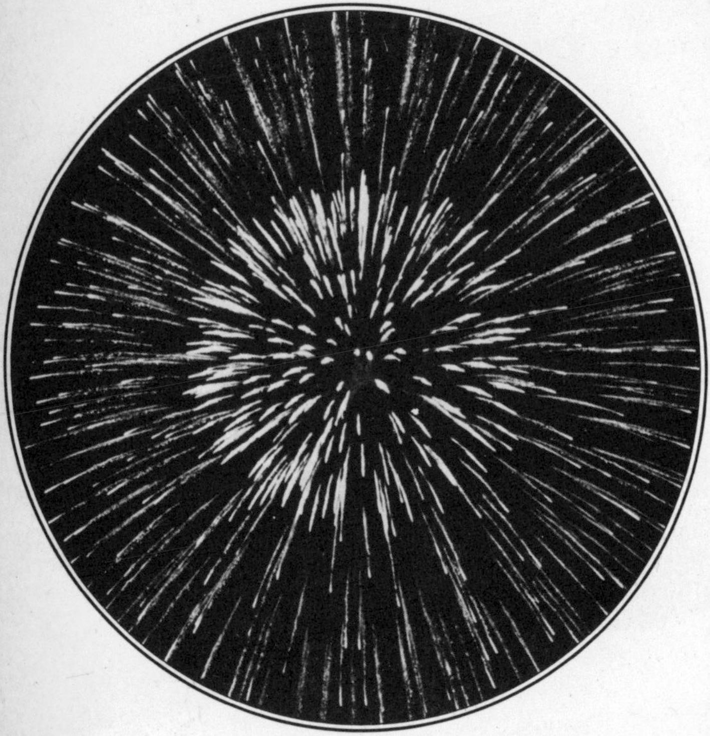

Das Wort Casubla bedeutet ein kleines Haus oder ein Zelt. Die Casubla sieht einem Poncho sehr ähnlich. Man kann einen solchen an einen Pfahl binden, auseinanderfalten, man kann Steine auf dieses Gewand legen und die Nacht darunter verbringen, um vor dem Regen geschützt zu sein. Um eine Casubla oder einen Poncho zu machen, nimmt man einfach ein vollkommen rechteckiges Stück Stoff, versieht es mit einem Saum, schneidet einen Schlitz hinein, und so hat man ein Zelt. Die Casubla geht sehr leicht über den Kopf, und man hat, ohne sie zuzuschneiden oder sie sich besonders anzupassen, ein sehr würdevolles und gutsitzendes Kleidungsstück. Sie ist wie der Poncho äußerst praktisch, man kann sie zu irgendwas tragen, und sie hält einen angenehm warm, vor allem, wenn sie aus einem schweren Material besteht. Ich besitze eine Kamelhaar-Casubla. Und als ich sie einmal anhatte, wurde ich in einer Bar von einem Irländer angehalten, der sagte: »Wo habe ich das schon mal gesehen?« »Nun«, sagte ich, »Sie haben einen Priester gesehen, der es während der Messe trug«, was ihn sehr belustigte.

Von all den Kleidungsstücken, die wir hier betrachten, ist der philippinische **Sarong** das exotischste. Mein japanischer Freund behauptete, daß man in einem Kimono nicht hinter einem Bus herlaufen könne. Aber zweifellos kann man in einem philippinischen Sarong hinter einem Bus herlaufen, denn er gewährt den Beinen völlige Freiheit. Der Sarong ist eigentlich ein in der Mitte geteilter, sehr schlodderiger Rock. Man wickelt sich ihn um, schlägt ihn an den Hüften ein und macht ihn unter Umständen mit einer Sicherheitsnadel fest. Darüber trägt man einfach ein farbiges Hemd. Der Sarong ist in verschiedener Form überall in Südasien anzutreffen, aber der philippinische Typ mit der Längsfalte ist der bequemste und der elastischste, den ich jemals angetroffen habe, und es ist mir auf der ganzen Welt keine bequemere Bekleidung bekannt. Der Sarong kann aus jedem beliebigen Material hergestellt werden, zum Beispiel aus Kammwolle, wenn man sich bei kalter Witterung warm halten und zugleich ein völlig bequemes und achtbares Kleidungsstück haben will.

Worin besteht nun eigentlich unser Problem? Was fehlt dem westlichen Mann und auch der westlichen Frau, daß sie sich auf eine so verdammt unbequeme Weise kleiden? Ich habe viel über diese Frage nachgedacht, denn sie ist mit einigen grundlegenden philosophischen Angelegenheiten verbunden. Eine davon ist die folgende: Wenn die Leute morgens aufstehen, ziehen sie einen Bademantel an, und nach kurzer Zeit überkommt sie ein leichtes Schuldgefühl. Weshalb haben sie dieses leichte Schuldgefühl? Weil man den leichten Verdacht haben kann, daß man überhaupt nicht existiert, wenn man nur lose sitzende Kleider trägt, mit anderen Worten, wenn man nicht eingeschnürt ist. Alle Tatmenschen tragen große Gürtel und Stiefel – Dinge, in die man eingezwängt ist. Und weil man den Druck auf der Haut spürt, hat man das Gefühl, wirklich zu existieren. Nun ist dies aber ein schwerwiegender Irrtum, vor allem bei Soldaten. Ich behaupte, daß die deutsche Armee die beiden Kriege wegen des Stechschritts, wegen des militärischen Pomps und Getues und wegen Dingen wie der Blechmusik und dem Befehlsdrill verloren hat. Denn eine wahrhaft wirksame Armee sollte unsichtbar und unhörbar sein. Aber natürlich kann man vom Männlichkeitswahn befallene Soldaten, die ihre Männlichkeit dauernd beweisen müssen, nicht dazu bringen, unsichtbar und unhörbar zu sein. Eine wahrhaft wirksame Armee, eine Armee von Guerilla-Kämpfern, sollte für vollkommen bequeme, vollkommen praktische Bekleidung sorgen, statt ihre Mitglieder so zuzuknöpfen, daß ihr Existenzgefühl durch den Druck gewährleistet wird. Das wäre dasselbe wie auf einem Bett aus Nägeln zu schlafen! Aber viele Menschen in unserer Kultur haben erst dann das Gefühl, lebendig zu sein, wenn sie sich unwohl fühlen oder leiden. Und der Grund dafür ist, daß wir angesichts unserer Existenz ein tiefes, angeborenes Schuldgefühl verspüren, weil wir fühlen, daß wir nicht wirklich zum Universum gehören.

Es gibt eine wundervolle Geschichte von einem japanischen Mystiker, einer Art von herumziehendem heiligen Mann, der eines Nachts in einem buddhistischen Tempel Unterkunft suchte. Er ging zum Altar hinauf, wo sich all die Kniekissen befanden, die die Priester beim Zelebrieren des Gottesdienstes brauchen. Er legte sie alle in eine Reihe, richtete sich ein bequemes Lager her und legte sich schlafen. Als am frühen Morgen die Priester hereintraten, um den Gottesdienst abzuhalten, sahen sie diesen augenscheinlichen Landstreicher auf den Kissen vor dem Altar liegen. »He«, riefen sie, »was treibst du denn hier? Welch unehrfürchtiges Gebaren vor dem Altar!« Und der heilige Mann schaute zu ihnen hinauf und sagte: »Oh, ihr seid zweifellos fremd hier; ihr könnt unmöglich zur Familie gehören.« Und in einer italienischen Kirche liefen kleine Kinder zwischen den Kirchenbänken hin und her, sie duckten sich und tauchten irgendwo wieder auf, während die Mutter beim Schrein des hl. Antonius Kerzen niederlegte. Zwei amerikanische Jungfern aus Neuengland, die die Kirche besichtigten, waren entrüstet über die Art, wie diese Kinder spielten. Sie traten an die Mutter heran, faßten sie bei der Schulter und sagten: »Haben Sie nicht das Gefühl, daß diese Kinder beaufsichtigt werden sollten?«

»Aber wieso denn«, meinte sie, »das ist doch das Haus ihres Vaters; dürfen sie darin etwa nicht spielen?«

Aber das ist eine äußerst merkwürdige Sache, nicht wahr? Unsere Bekleidung ist eine Unternehmer-, eine Militär-, eine Ministerbekleidung. In unserer Kultur **kultivieren** wir nämlich eine zugeknöpfte Haltung: »Reiß dich zusammen! Halt dich im Zaum!« Aber indem wir das tun, befinden wir uns in einem dauernden Krieg mit uns selbst. Unsere Gesellschaft bringt uns bei, daß wir ein ekliges kleines Biest sind, das kontrolliert und zum Gehorsam geprügelt werden muß, und daß wir andererseits mit einer vernünftigen Seele, einer Art höherem Selbst, begabt sind, das die Kontrolle über das niedere Selbst übernehmen muß. Und deshalb stehen wir uns selbst dauernd in der Quere. So unterschied Freud zwischen dem Lustprinzip, das er in der Geschlechtsregion, und dem Realitätsprinzip, das er in der Cortexregion des Gehirns lokalisierte, so daß diese beiden Zentren auseinanderliegen. Weil sie sich nicht am selben Ort befinden, scheint zwischen ihnen aus dem einen oder anderen Grund immer ein Kampf stattfinden zu müssen. Bei einer Blume befinden sich das Denk- und das Geschlechtsorgan am selben Ort, und so kennt sie diesen Konflikt nicht. Aber beim Menschen sind sie getrennt (wenigstens glauben wir das), einfach weil sie sich in einer räumlichen Entfernung voneinander befinden.

Aber in Wirklichkeit sind sie gar nicht getrennt. Sie sehen nur verschieden aus. Der Kopf sieht ganz anders als die Genitalien aus, aber genauso sehen auch Bienen ganz anders aus als Blumen. Die eine fliegt in der Luft umher und summt, während die andere in der Erde wurzelt und die Umgebung mit einem farbigen Duft erfüllt, wodurch die Biene von ihr angezogen wird. Aber diese beiden sehr verschieden aussehenden Dinge gehören in Wirklichkeit ein und demselben Organismus an: Ohne Bienen keine Blumen, ohne Blumen keine Bienen. Sie gehören zusammen, um, wie die Chinesen sagen, gegenseitig zu entstehen. Und in derselben Weise sind bei Ihrer Geburt der Kopf und die Genitalien gegenseitig entstanden. Sie sind zusammen aufgetreten; sie sind nicht wirklich voneinander getrennt.

Deshalb bringt die Vorstellung, daß ein geregeltes Leben führen sich selbst kontrollieren heißt, nichts anderes zustande als einen Konflikt oder eine innere Störung. Stellen Sie sich vor, was es bedeuten würde, wenn Sie die Bewegung der rechten Hand mit der linken kontrollieren müßten. Wenn ich mit der rechten Hand eine Zigarre ergreifen möchte, käme die linke Hand herüber und würde die rechte anfassen und zum Gegenstand lenken, die Finger um ihn schließen und die Zigarre zu meinem Mund führen. Wäre das nicht absurd? Aber das ist genau, was wir die ganze Zeit tun, wenn wir uns in zwei Teile aufteilen, in einen geistigen und einen materiellen, einen engelhaften und einen tierischen, einen rationalen und einen irrationalen. Wir halten dauernd Knüppel über unseren Köpfen. Das ist einer der Gründe, weshalb man am Morgen, wenn man aufsteht und den Bademantel anzieht, ein Schuldgefühl verspürt. Man muß angekleidet und bei klarem Verstand sein, wie man so sagt, so daß man das Haus verlassen und ein Mensch der Tat sein kann. So hat man ein Selbst-**Gefühl,** während man seiner Arbeit nachgeht und seine Pflicht erfüllt.

Täglich verschleißen sich in den Stadtgegenden Millionen von Menschen buchstäblich und zerren bis zur Raserei an ihren Nerven, während sie die Autobahnen befahren und die Luft verpesten, um ihre Arbeit zu verrichten. Die wundervolle Arbeit, die vom Vergnügen vollkommen getrennt ist. Und darin besteht eine der großen Unsinnigkeiten unserer Zivilisation. Jeder vernünftige Mensch sollte fürs Vergnügen bezahlt werden. Falls Sie dafür nicht bezahlt werden, stimmt irgend etwas nicht mit Ihnen – Sie haben die Kunst des Lebens nicht erlernt. Aber wir haben nun mal die Vorstellung, daß Arbeit eine Sache ist und Vergnügen eine andere, und deshalb haben wir Arbeitskleider – den Geschäftsanzug – und Spielkleider. Und ich halte es für etwas vom Wichtigsten, daß wir den Kopf mit den Genitalien, die Genitalien mit dem Kopf und die Arbeit mit dem Vergnügen verbinden und aus dem Leben ein Spiel machen – umfassend und eins.

Philosophische Fantasien

WENN WIR BEGREIFEN,
DASS WIR EIGENTLICH IMMER
AM SELBEN ORT SIND,
DANN BEGREIFEN WIR
DAS WESEN DES LEBENS

Ich möchte Ihnen drei Fantasiegeschichten erzählen, die alle etwas miteinander zu tun haben, wie am Ende ersichtlich wird. Die erste Geschichte handelt von der Reproduktion, ein Ausdruck, der hauptsächlich auf zweierlei Weise verwendet wird: Einerseits sprechen wir von der Reproduktion einer Art, andererseits sprechen wir auch bei einem Bild, einer Fotografie, einem Tonband, einem Film oder einem Videoband von Reproduktion. Um was handelt es sich denn eigentlich bei dieser letzteren Art von Reproduktion? Nun, vor Hunderten von Jahren pflegten europäische Könige Bündnisse zu schließen, indem sie Prinzessinnen weitentlegener Staaten heirateten. Bevor ein König einen Heiratsvertrag abschloß, ließ er sich von Malern Porträts der in Frage kommenden Dame senden, damit seine Hoheit herausfinden konnte, ob sie ihm zusagte oder nicht. Bei einer solchen Gelegenheit wurde Heinrich VIII. von England von diesem Verfahren arg betrogen, denn das Porträt, das er von Anne von Cleve erhielt, war zu schmeichelhaft ausgefallen.

Daher hat sich unter den Künstlern der europäischen Tradition eine Art Moralkodex entwickelt, seit den Anfängen der wunderbaren Renaissance-Kunst, der sich später die flämischen Maler anschlossen. Und schließlich kommen wir mit der ›Art Officiel‹ des 19. Jahrhunderts zu dem, was wir heute photographischen Realismus nennen.

Damals sagte man sich: »Es muß doch für all das einen wissenschaftlicheren Weg geben.« Und so entdeckte man die Kamera. Zuerst waren jene bräunlichen Daguerrotypen vorhanden. Die Leute sagten: »Wie hübsch, sieht doch genau wie unser Opa aus! Aber da fehlt noch was, noch einiges fehlt«, sagten sie, »zum Beispiel ist keine Farbe drauf.« So wurden die Bilder koloriert.

Dann meinte man: »Nun, es sieht zwar ganz lebensecht aus, doch es gibt eben gewisse Personen, bei denen drückt sich die ganze Persönlichkeit im Gang aus, und wenn man einfach nur so ein statisches Bild knipst, tritt die eigentliche Persönlichkeit nicht hervor.« Da hängte man die einzelnen Bilder aneinander – und erfand den Filmstreifen. Ich kann mich noch an die Zeit erinnern, als die ersten Streifen auftauchten: Die Bilder bewegten sich alle ruckartig. Das glättete man aus, und jedermann meinte: »Das ist nun aber wirklich echt.«

Doch nach einer Weile wandte man ein: »Da fehlt eben immer noch was – der Ton; ein beträchtlicher Teil der Persönlichkeit steckt in der Stimme, können wir die Leute also zu ihren Bewegungen nicht auch noch sprechen lassen?« Und jemand entwickelte den Tonfilm; schließlich fügte man noch die Farbe hinzu, und alle meinten: »So, das ist ein rechter Anfang!« Um die Sache dann noch wirklichkeitsnäher zu gestalten, ließ man die Filme dreidimensional abspielen, was das Tragen von Spezialbrillen erforderte.

Doch dann sagten die Leute: »Aus welchem Grund sollen wir uns jedesmal, wenn wir uns so ein Ding ansehen wollen, ins Stadtzentrum begeben? Können wir die ganze Sache nicht auch bei uns zu Hause haben?« Und das Fernsehen wurde eingeführt; zunächst waren es Schwarz-Weiß-Bilder, und die sahen aus, wie Robert Benchley einmal die Ausschnitte von französischen Zeitungen beschrieben hat: wie wenn man sie alle aufs Brot geschmiert hätte.

Man hat das Ganze verbessert, man fügte die Farbe hinzu, und da befinden wir uns heute. Nicht ganz. Denn jemand hat etwas Neues entwickelt, das wir alle bald zu Gesicht bekommen werden – das Hologramm – ein Fernsehbild, das von Laserstrahlen produziert wird und in dem man eine dreidimensionale Gestalt vor sich im Raum stehen sieht. Bald werden wir alle sagen: »Ist das nicht wundervoll?« Aber wenn man an die Gestalt herantritt und ihr die Hand auflegt, sinkt die Hand natürlich mitten durch die Gestalt hindurch. Man kann sie nicht anfassen. Und sehen Sie, das ist der Haken am Fernsehen – was man sich auch immer anschaut, es erscheint hinter einem Bildschirm; es ist unberührbar, es riecht nicht, und es tritt nicht in Beziehung zu einem selbst.

Es gibt also für die Technik der elektronischen Reproduktion auch noch in Zukunft Probleme zu lösen – und man wird sie lösen. Man wird herausfinden, auf welche Weise sich die elektronische Strahlungsquelle verdichten läßt, so daß man die Gestalt berühren kann. Sie werden nicht imstande sein, die Hand durch die Gestalt hindurchzustecken, denn die Luft wird sich schneller als Ihre Hand bewegen. Stellen Sie sich das vor! Wenn eine schöne Tänzerin im Fernsehen auftritt, so werden Sie tatsächlich in der Lage sein, auf sie zuzugehen und sie zu umarmen. Aber die Tänzerin wird keine Ahnung davon haben, daß Sie vorhanden sind, sie wird nicht auf Sie eingehen. Und so werden Sie sagen: »Das ist aber nicht sehr lebensecht«, genau wie die Leute einst sagten: »Wenn sich die Fotografie nicht bewegt, ist das nicht sehr lebensecht, wenn sie nicht spricht, ist das nicht sehr lebensecht.« Als nächstes wird man sagen: »Wenn die berührbare, dreidimensionale Reproduktion einem nicht antwortet, ist sie nicht sehr lebensecht, und man wird eine neue Technik ausklügeln müssen, um auch das zu erreichen.«

Wird unsere Technologie eine solche Technik entwickeln können? Natürlich wird sie das! Sie werden zu Hause sitzen und sich die Darbietung auf einer Art Bühne statt auf einem Bildschirm ansehen und dabei von einer Fernsehkamera beobachtet werden. Die Fernsehkamera wird alles, was Sie tun, an einen Computer weiterleiten, und der Computer wird imstande sein, die geringste Information dem Bild, das Sie betrachten, zu übermitteln, und sofort entscheiden können, welches die Antwort ist, die zu Ihrem Verhalten dem Bild gegenüber paßt. Wird das nicht etwas Großartiges sein?! Vielleicht schlägt Sie die Gestalt ins Gesicht, vielleicht küßt sie Sie. Wer weiß?

Doch schließlich werden Sie sagen: »Das ist doch eigentlich nicht wirklich die Art Reproduktion, die ich mir vorgestellt habe. Was ich möchte, ist, mich mit einem der Hauptdarsteller identifizieren.« Wir möchten das Drama, das auf der Bühne aufgeführt wird, nicht nur **anschauen,** wir möchten **darin aufgehen.** Wir werden verlangen, daß unsere Gehirne mit Elektroden umwickelt werden, die uns erlauben, die Emotionen der auf der Bühne handelnden Personen wirklich selbst mitzuerleben. Schließlich werden wir absolut perfekte Reproduktionen erhalten und in der Lage sein, das Bild so lebhaft vor uns zu sehen, daß wir mit ihm eins werden.

So entsteht die Frage – sind wir etwa schon so weit? Sind wir eine Reproduktion, die sich im Lauf der jahrhundertelangen Evolution als Abguß von etwas anderem, das bereits im Gang war, erwiesen hat, so daß wir uns da befinden, wo wir schon immer waren?

春風大雅能容物
秋水文章不染塵
月光之大

Die zweite Fantasie beruht auf der Idee, daß sich jedes Lebewesen für menschlich hält, das heißt eine Pflanze, ein Wurm, ein Virus, eine Fliege, ein Nilpferd, eine Giraffe, ein Kaninchen. Alle Lebewesen, aus was immer sie herausfühlen, so wie wir aus unserem Körper herausfühlen, haben das Gefühl, im Mittelpunkt zu stehen. Das heißt, wohin Sie auch schauen mögen, Sie sehen sich um und haben das Gefühl, im Mittelpunkt des Alls zu stehen. Auch ein Kaninchen oder eine Fliege hat das Gefühl, sich im Zentrum zu befinden. Und sie sind von einer Gesellschaft von Gefährten umgeben, die wie sie selbst aussehen, und so wissen diese Geschöpfe, daß dies die richtige Sorte von Leuten ist, genau wie wir selbst beim Betrachten anderer Menschen wissen, daß das die richtige Sorte ist, daß sie zu uns gehören. Nur müssen wir natürlich Unterschiede machen, denn Sie wissen nie wirklich genau, daß Sie Sie sind und daß Sie sich am richtigen Ort befinden, wenn Sie sich nicht von Leuten unterscheiden könnten, die nicht ganz auf dem rechten Platz sind, und wenn Sie sich ferner nicht mit solchen vergleichen könnten, die sogar sehr fehl am Platz sind. Dadurch, daß man diese Reihe von Vergleichsmöglichkeiten hat, weiß man, daß man O.K. ist.

Andere Tiere und Insekten fassen diese Übereinkunft in genau derselben Weise auf. Sie werden einwenden: »Insekten und derartige Dinge wie Fische haben keinerlei Kultur; was soll das heißen, daß Fische ein Anrecht darauf haben, sich genauso als menschliche Wesen anzusehen?« Ich möchte die Sache vom Fischstandpunkt aus darlegen. Fische denken: »Menschen sind Mist; schau dir an, was sie tun; sie können nicht leben, ohne sich zusammenzupferchen und außen an ihren Körpern alles mögliche herumzutragen; sie bauen Häuser und Autos, sie haben Bücher und Schallplatten und Fernseher und Stereo-Anlagen und unendlich viel anderes Zeug, und sie übersäen die Erde mit Abfall.«

Nehmen Sie einmal den Standpunkt ein, von dem aus ein Delphin (er ist eigentlich kein Fisch, sondern ein Säugetier) die menschliche Rasse betrachtet. Delphine verbringen die meiste Zeit spielend; sie arbeiten nicht, denn das Lebensmittelgeschäft befindet sich bei ihnen im Meer, mit allem, was sie brauchen. Ein Delphin kann ein Schiff einholen, sich ins Kielwasser setzen, seinen Schwanz auf genau 26 Grad anwinkeln und sich dahintragen lassen. Der Delphin wird aus purem Vergnügen um das Schiff herum kreisen, sein ganzes Leben verspielt er im Wasser. Man weiß, daß ein Delphin-Gehirn ebenso groß, wenn nicht sogar größer als unser eigenes ist, daß der Delphin unglaublich intelligent ist und daß er eine Sprache hat, die wir nicht entschlüsseln können.

Dr. John Lilly, ein Freund von mir und der Mann, der über Delphine am besten Bescheid weiß, sagte, er wäre zum Schluß gekommen, die Delphine seien zu intelligent, um uns ihre Sprache zu verraten. Und so hat er dieses Projekt aufgegeben. Er sagte, er wolle ein derart hochzivilisiertes Lebewesen nicht länger im Konzentrationslager eines Zoos gefangenhalten und es statt dessen wieder in den Ozean entlassen. Worauf es dabei ankommt, ist die Tatsache, daß jedes Lebewesen, nicht nur Delphine, sondern jeder Organismus, der überhaupt mit irgendwelcher Empfindsamkeit ausgestattet ist, sich für den Mittelpunkt des Universums hält.

Nun bringt diese Vorstellung aber ihre Probleme mit sich. Es gibt ein Zen-Gedicht, das sagt: »Der Morgenglanz, der für eine Stunde blüht, ist im innersten Kern nicht verschieden von der Riesenpinie, die tausend Jahre lang lebt.« Mit andern Worten: Eine Stunde ist für einen Morgenglanz ein langes Leben, so wie tausend Jahre für eine Pinie ein langes Leben sind. Und unsere 90 Jahre oder, laut den statistischen Tabellen der Versicherungsgesellschaften, die 70 durchschnittlichen Lebensjahre scheinen ungefähr die richtige Länge zu sein. Es gibt Leute, die immer weitermachen wollen, die sich von der Unsterblichkeit beeindrucken und ihre gestorbenen Körper einfrieren lassen, für den Fall, daß man in der Zukunft eine Technik entwickeln sollte, durch welche sie wieder belebt werden könnten.

橋老母喜久

Doch ich kann dieser Idee überhaupt nicht zustimmen, denn die Natur hat neben dem Gedächtnis-Prinzip gütigerweise auch für ein **Vergeßnis-**Prinzip gesorgt. Falls Sie sich für immer und ewig an alles erinnerten, würden Sie einem Stück Papier gleichen, das man über und über bemalt hat, so daß kein Ding vom andern zu unterscheiden wäre; oder einem Haufen schreiender Menschen, die immer mehr Lärm machen, so daß man niemanden mehr verstehen kann. Und in derselben Weise werden auch die eigenen Erinnerungen zu Schreien. Die gütige Natur sorgt dafür, daß die ganze Sache ausgelöscht wird, so daß man wieder von vorne anfangen kann.

Es spielt keine Rolle, auf welche Weise Sie anfangen, ob Sie wieder als menschliches Wesen oder als Fliege, als Käfer oder als Vogel beginnen, denn Sie werden das gleiche Gefühl haben, das Sie auch jetzt haben. So sind wir in Wirklichkeit alle am selben Ort, alle haben wir über uns Dinge, die viel erhabener sind als wir, und unter uns solche, von denen wir das Gefühl haben, daß sie tiefer stehen als wir. Sie sind die Mitte, Sie sind überall die Mitte, immer.

Meine dritte Fantasie. Ich habe den Eindruck, niemand hat jemals ernsthaft die Frage gestellt: »Wie entstehen die Sterne? Warum? Wie entstehen diese enormen, radioaktiven Zentren aus dem Raum heraus?« Ich werde dieses Problem lösen, indem ich mich der Analogie vom Huhn und vom Ei bedienen werde und sage: »Das Huhn ist die Art, wie ein Ei zu anderen Eiern wird.«

Falls Sie meine zweite Fantasie verstehen, werden Sie wissen, wie das zutreffen könnte. Nehmen wir nun an, ein Planet sei die Art, wie ein Stern zu einem andern Stern wird. Wenn Sterne explodieren, schicken sie eine Menge Brei in den Raum hinaus, und ein Teil dieses Breis verdichtet sich zu Kugeln, welche auf eine Umlaufbahn gelangen und um den Stern herumwirbeln. Und in einem von tausend Fällen wird sich eine dieser Kugeln vielleicht wie der Planet Erde entwickeln, und langsam wird darauf etwas entstehen, was von manchen Leuten vielleicht als eine Art Krankheit angesehen wird, die Bakterien des intelligenzbegabten Lebens. Und das bringt eine Vorstellung mit sich, nämlich, daß diese Dinge, die wir lebendig nennen, überdauern müßten. All diese Lebewesen bilden sich die fixe Vorstellung ein, mit ihrer Tätigkeit immer fortfahren und sie immer verbessern zu müssen. Sie unterteilen sich in Arten, und diese Arten stehen miteinander im Kampf, sozusagen der Kräftigung der Muskeln wegen und um in allem möglichen immer noch tüchtiger zu werden. Und damit fahren sie fort, bis sich auf dem betreffenden Planeten eine Art tatsächlich als die herrschende durchzusetzen vermochte, so wie wir uns als Angehörige der Homo-sapiens-Art auf der Erde als die Spitzen-Art behauptet haben, was immer auch Spitze bedeuten soll.

Und wenn wir dann etwas Muße haben und nicht die ganze Zeit damit verbringen müssen, Nahrung zu finden und in den Mund zu stecken, beginnen wir Fragen zu stellen. Wir sehen uns nach uns selbst und nach all den übrigen Dingen um und sagen: »Was ist das? Was geht hier vor?« Manche sagen: »Das ist eine dumme Frage. Warum fährst du nicht einfach mit deiner Arbeit fort?« Doch wir beharren darauf: »Nein, es gibt noch höhere Dinge.« Und dadurch schaffen wir eine spezielle Klasse von Menschen, die in Indien Brahmanen heißen, während sie bei uns Philosophen, Wissenschaftler, Theologen, Denker genannt werden. Und weil sie die Frage untersuchen, weshalb wir existieren, wird ihnen gestattet, die Landbebauung, die Jagd, den Bergbau und das Fußbodenschrubben einzustellen, und sie begeben sich an besondere Orte, die Universitäten heißen, wo sie herumsitzen können, um über das, was sich ereignet, nachzudenken. Sie praktizieren das, was Philosophieren genannt wird, was bedeutet, sie versuchen zu sagen, was es bedeutet. Was bedeutet das Wort **sein,** was heißt das Wort **existieren?** Was meinen wir, wenn wir sagen, **wir sind hier?** Sie glauben, dies nicht sehr weit erörtern zu können, weil das Wort aufhört, etwas zu bedeuten und zu einer Art Geräusch wird.

Sie sagen: »Nun, wir kommen eigentlich nicht zum Ziel; statt die ganze Zeit zu denken, zu theoretisieren und über das Geschehene Wörter zu bilden, müssen wir es experimentell erforschen. Irgendwie müssen wir in diese Sache, die wir Wirklichkeit, die wir materielle Welt nennen, hineinschauen und herausfinden, woraus sie besteht. So beginnen sie, die Sache zu zerhacken. Sie zerlegen Blumen, zerhacken die Samen und schauen mitten in sie hinein. Sie finden etwas darin, und dann müssen sie ein Vergrößerungsglas holen und es untersuchen und es in immer kleinere Teile zerlegen, während sie sich vorstellen, daß sie schließlich auf ein sogenanntes Atom stoßen müßten. **Atomos,** das griechische Wort für Atom, bedeutet unteilbar, etwas, was man nicht mehr weiter zerkleinern kann. So landen sie schließlich bei den Atomen, bei demjenigen Was, nach dem es nichts Waseres gibt – meinten sie! Doch dann entdeckten sie, daß man auch das Atom weiter zerlegen kann, sie konnten das Elektron, das Positron, das Meson usw. finden, und so weiter.

Schließlich stellten sie fest, daß jedes Materie-Atom eine ungeheure Menge Energie enthält und daß diese Energie freiwerden kann. Die Sache mit den Intellektuellen ist, daß sie alles, was getan werden kann, auch tun müssen. Und im notwendigen Verlauf der Entwicklung der Natur haben sie herausgefunden, wie man die Erde in die Luft jagen und in einen Stern verwandeln kann.

Auf diese Weise mögen also die Sterne entstehen. Sie haben Planeten, so wie Hühner Eier haben, und die Eier platzen und werden zu Hühnern, und die Planeten zerplatzen dadurch, daß sich intelligentes Leben einschaltet, und sie verwandeln sich in Sterne, welche neue Dreckkugeln hinausschleudern, von denen einige eine vernünftige Chance haben, neues intelligentes Leben entstehen zu lassen, eine Chance, die etwa ebenso groß ist wie diejenige, die ein männliches Spermatozoon hat, sich zu einem neuen Menschen zu entwickeln, wenn es in die weibliche Gebärmutter eindringt – eine Chance von eins zu einer Million.

Vielleicht kommt Ihnen das als eine ziemlich unangenehme Fantasie vor. Vielleicht haben Sie den Eindruck, daß sich die Dinge auf dem falschen Weg befinden und sich in die falsche Richtung entwickeln. Falls die Essenz des Lebens, dieser zarten biologischen Substanz mit all ihren Gefäßen und Fasern und den so empfindlichen Nerven – falls all das in Flammen, in einer reinen Lichtglut aufgehen sollte, wäre das nicht eine Schande? Endet vielleicht alles auf eine derartige Weise?

Viele Menschen sagen, sie möchten das Licht sehen, sie möchten erleuchtet werden, mit dem göttlichen Licht verschmelzen. Wenn sie es dann schließlich so weit gebracht haben, immer wieder nur dieses eine zu tun, nimmt die Entwicklung ihren Fortgang, und der explodierende Erd-Stern schleudert diese Dreckkugeln hinaus, und Planeten werden geschaffen, und einmal mehr sind Sie ein Neugeborenes, sind Sie ein Kind, die Blumen leuchten vor Farben, die Sterne sind wundervoll, der Geruch der Erde, das Geräusch des Regens, alles ist wieder wunderbar. Und wieder trifft man den Mann, den man liebt, die Frau, die man liebt, als hätte das nie zuvor stattgefunden. Alles fängt wieder von vorne an.

Und mit der Zeit wird alles immer intensiver, die Probleme werden problematischer, man stellt fest, daß man mit etwas ringt, dessen man nicht Herr werden kann. Man muß es zwar unter Kontrolle bringen, aber man ist dazu absolut nicht in der Lage. Wie alle gegenwärtigen Weltprobleme ist einem die ganze Geschichte entglitten. Wir spüren, daß wir auf unser Verhängnis zugehen, denn einmal mehr gehen wir der Geburt eines Sterns entgegen, was die schöpferischste Sache ist, die es überhaupt gibt.

Denken Sie eine Weile über diese drei Fantasien nach, die alle eine zyklische Qualität haben. Ich möchte noch eine Bemerkung über die biologische Reproduktion anfügen. Wenn ich an meinen Großvater zurückdenke, den ich als kleiner Junge ziemlich gut kannte, so hatte er etwas außerordentlich Eindrückliches an sich. Er sah aus wie König Edward VII. Er war ein sehr, sehr eleganter Herr mit einem kleinen Geißbart. Er hatte keine Koteletten wie ich, und sein Haar war kürzer – ein sehr eleganter Kerl, wunderbar gekleidet. Und ich hielt ihn für ein echtes Abbild Gottes. Nun bin ich im selben Alter, das er hatte, als ich ihn zum ersten Mal erblickte, und ich habe fünf Großkinder und bin von Großvätern irgendwie nicht länger beeindruckt! Und hier haben wir wieder dieselbe Vorstellung von einem Rundgang, nämlich, daß wir uns fast immer am selben Ort befinden, wie das französische Sprichwort sagt: »**Plus ça change, plus c'est la même chose** – Je mehr Veränderung, um so mehr ist es das Alte.«

Das bedeutet, daß das Dasein, daß das Existenzgefühl eine Art Spektrum ist, wie ein Lichtspektrum: auf der einen Seite rot, auf der anderen violett, und diese Extreme sind nötig, damit überhaupt Farbe da sein kann, damit wir das Licht erfahren können. Sehen Sie, ebenso brauchen wir die Erfahrung, daß sich da draußen jemand anders befindet, daß sich da draußen etwas völlig anderes abspielt, fern von unserer Kontrolle, damit wir die Erfahrung, ein Ich zu sein, haben können. Und damit wir uns wohlfühlen, das Leben für lebenswert und fortsetzungswert halten können, damit dieses Gefühl zum Vorschein kommen kann, wie das Rot das Violett zum Vorschein bringt, dazu müssen wir vielleicht tief in unserem Innern die Befürchtung tragen, daß sich etwas ereignen könnte, das sich auf keinen Fall ereignen darf, das das blanke Entsetzen wäre . . .

Wir müssen wissen, daß es so etwas gibt, wie es der englische Romanschriftsteller Arnold Benett kurz vor seinem Tod gesagt hat: »Irgendwie habe ich das Gefühl, daß alles vollkommen falsch ist.« Und so ist die Möglichkeit, schon nur die Vorstellung, daß eine derartige Erfahrung in unserem Innern steckt, der Hintergrund, der dem Gefühl, das wir ›Wohlgefühl‹ oder das ›Gefühl, daß alles in Ordnung ist‹, nennen, seine Intensität verleiht.

Wenn Sie also begreifen, daß Sie wirklich und wahrhaftig immer am selben Ort sind, genau wie jedes Lebewesen sich für ein menschliches Wesen hält, und jedes Lebewesen schlußendlich einfach eine von einer interessanten Technologie – es macht keinen großen Unterschied, ob sie elektronischer oder biologischer Natur ist – zustande gebrachte Reproduktion ist, dann begreifen Sie das Wesen des Lebens. Und ebenso wie Planeten möglicherweise die Art sind, wie ein Stern zu einem andern Stern wird, so befinden Sie sich immer am selben Ort. Und worin besteht dieser Ort? Sie mögen sich selbst sehr, sehr, ich will nicht sagen ernsthaft, denn es ist in Wirklichkeit überhaupt nicht ernsthaft, es ist aufrichtig – sehr aufrichtig die Frage stellen, ob das tatsächlich so ist, ob der Ort, an dem Sie sich jetzt befinden, der Ort ist, an dem in Wirklichkeit auch alles und jedermann sonst ist.

Nur ist es so eingerichtet, daß man vorgibt, woanders sein zu müssen, und somit ist der Ort, an dem man sich befindet, der Ort, an dem man immer vorgibt, an einem andern Ort sein zu müssen. Das ist das Wesen des Lebens, das ist sein Pulsschlag. **Ich müßte woanders sein.** Wenn Sie herausfinden, daß Sie sich diesen Streich selber spielen, so werden Sie gelassener, und Sie werden das Spiel nicht ganz aufgeben, weil Sie es nun durchschaut haben. Sie werden sagen: »Hm, vielleicht macht es Spaß, damit fortzufahren.«

Seit mehr als 30 Jahren genießt Alan Watts als Religionsphilosoph, Psychologe und einer der besten Kenner der indischen Philosophie und des Zen-Buddhismus einen Ruf als hervorragendster Vermittler östlichen Gedankenguts an den Westen.

Watts wurde 1915 in England geboren. Er besuchte die King's School von Canterbury. 1938 ließ er sich in den USA nieder, wo er sich den Master's Degree für Theologie erwarb und ihm in Anerkennung seiner Arbeiten auf dem Gebiet der vergleichenden Religionswissenschaft der Ehrendoktor verliehen wurde. Er war Herausgeber verschiedener religionsphilosophischer Schriften, hielt Vorträge im Radio und betätigte sich als Schriftsteller und Redner. Er war Mitglied der Harvard Universität, Professor und Rektor der Amerikanischen Akademie für Asiatische Studien in San Francisco sowie Berater zahlreicher psychiatrischer Institute und Kliniken, unter anderem des C. G. Jung-Instituts in Zürich.

Alan Watts verfaßte über 25 Bücher, sein erstes, »The Spirit of Zen«, bereits im Alter von 20 Jahren. Während seines ganzen Lebens unternahm er längere Studienreisen in den Osten, vor allem nach Japan. Alan Watts, der ein begeisterter Koch war und sich für Gesang, Tanz und Kalligraphie interessierte, war ein enger Freund von Timothy Leary und Richard Alpert (alias Baba Ram Dass), mit denen ihn die gemeinsame philosophische Grundhaltung sowie – vor allem während der 60er Jahre – das Interesse an der experimentellen Erforschung bewußtseinserweiternder Drogen verband (»Die Kosmologie der Freude«). Alan Watts starb 1973.

Das vorliegende Buch sowie die übrigen acht Bücher der neunbändigen Serie basieren auf einer Reihe von Vorträgen, die Watts in seinen letzten Lebensjahren gehalten hat.